吉林省东南部地区中学数学教师信息化教学能力提升策略研究

陈衍峰/著

吉林大学出版社

U0729188

图书在版编目（CIP）数据

吉林省东南部地区中学数学教师信息化教学能力提升
策略研究／陈衍峰著. —长春：吉林大学出版社，2017. 12
ISBN 978 – 7 – 5692 – 1662 – 2

Ⅰ. ①吉… Ⅱ. ①陈… Ⅲ. ①中学数学课 – 教学研究
Ⅳ. ①G633. 602

中国版本图书馆 CIP 数据核字（2017）第 326461 号

吉林省东南部地区中学数学教师信息化教学能力提升策略研究

作　　者　陈衍峰 著
策划编辑　张树臣
责任编辑　张树臣
责任校对　安萌
装帧设计　张沐沉
出版发行　吉林大学出版社
社　　址　长春市人民大街 4059 号
邮政编码　130021
发行电话　0431 – 89580028/29/21
网　　址　http：//www. jlup. com. cn
电子邮箱　jdcbs@ jlu. edu. cn
印　　刷　吉林省科普印刷有限公司
开　　本　787 × 1092　1/16
印　　张　11. 5
字　　数　180 千字
版　　次　2017 年 12 月第 1 版
印　　次　2017 年 12 月第 1 次
书　　号　ISBN 978 – 7 – 5692 – 1662 – 2
定　　价　68. 00 元

· 前　言 ·

　　伴随着信息技术的飞速发展，中国的教育信息化进程也在不断向前推进。教育信息化是信息技术与教育教学整合的过程。信息技术走进中学数学教学，必须与中学数学教学实现全方位整合，最终实现中学数学的信息化教学。信息技术在中学数学教学中的应用日益广泛，对中学数学教师的信息化教学能力提出了新的要求。

　　吉林省东南部地区地理位置偏远，经济发展相对缓慢，各级各类中学的办学条件相对落后，以上种种都制约了该地区中学数学教师信息化教学能力的发展。如何提高吉林省东南部地区中学数学教师的信息化教学能力是一个值得研究的问题。本书在介绍我国中学教育信息化基本情况的基础上，列举了应用信息技术提高中学数学教师教学能力的案例和操作要领，选取了吉林省东南部地区 10 所中学作为实地调研样本，以参加 2017 年吉林省东南部地区中学数学骨干教师培训的教师作为问卷调查对象，运用文献法、访谈法、问卷调查法等科学的研究方法，多方着手，全面了解吉林省东南部地区中学数学教师的信息化教学能力现状，对其分析后，找出存在的问题及成因，最后提出了相应的提升策略。

　　本书是 2017 年吉林省教育科学规划项目"吉林省东南部地区中学数学教师信息化教学能力提升策略研究"（GH170543）研究成果。撰写角度独特，案例丰富，调查数据详实，可以为中学数学教师教学提供参考，也可以为本领域学者的科学研究提供借鉴。

　　本书在编写的过程中，直接或间接地参考、引用了国内外相关专著、论文、教材和网站的一些观点，在此对提供文献资料的作者表示衷心的感谢！

　　由于编者水平有限，对一些问题的理解和处理不妥之处，请各位批评指正。

目　录

第 1 章

第 2 章

第 3 章

⚜ 第 4 章 ⚜

吉林省东南部地区中学数学教师信息化教学能力调查

⚜ 第 5 章 ⚜

吉林省东南部地区中学数学教师信息化教学能力提升

策略

第 1 章
DIYIZHANG

我国中学教育信息化发展状况

　　基础教育建设的核心任务是实现义务教育的均衡发展，实现教育公平，促进优质教育资源共享，全面提高教育教学质量，培养学生的自主学习能力和终身学习能力。教育部高度重视基础教育设施建设，实施了"三通工程"，即"宽带网络校校通""优质资源班班通""网络学习空间人人通"。

　　"宽带网络校校通"是"三通工程"的第一通，它的实施可以实现各级各类中学宽带入校园，通过互动式电子白板为每位教师提供了相应的教学资源，每所学校都建成了多媒体教室，教师能够利用信息化设备和网络资源进行教学。这是实现教育信息化的基本条件。

　　"优质资源班班通"是"三通工程"的第二通，可以实现教师的课堂教学使用优质数字资源，信息技术成为提升教学质量的有效途径。"优质资源班班通"在各级各类中学的应用模式包括三种：专递课堂、名师课堂和名校网络课堂。通过这一工程的实施，各地区都能使用同样的优质教学资源，并在此基础上不断开发出独具特色的优质教育资源，中学教育逐渐达到均衡发展。

　　"网络学习空间人人通"是"三通工程"的第三通，"网络学习空间人人通"是构建人人都能使用的网络学习环境，即网络平台，在这一平台上，教师可以组织教学的实施；教学管理人员可以对教学活动进行管理，可以为教学活动提供网上服务；学生可以在这一平台上在线学习，研讨交流等。网络平台为教师和学生提供了一个自由的教与学的空间。

　　中学教育是基础教育的重要组成部分，目前我国中学的"三通工程"已基本完成，各级各类中学信息化教学技术设施建设取得很好的进展。下文将从资源开发与应用情况、基础设施发展情况、管理信息化情况、保障体系建设情况四个方面对我国中学教育信息化发展状况进行分析。

1.1　资源开发与应用情况

　　数字教育资源是教育信息化的核心组成部分。各级各类中学数字资源的开发利用率已成为地区之间、学校之间信息化教学水平高低与否的衡量标志。目前，我国中学已经具备了比较完备的共享优质数字教学资源，校本开发的优质教学资源相对较少，各级各类中学所处区域不同，所在位置不同，决定了其优质数字资源开发的多少，质量的优劣。总体来说，发达地区比欠发达地区开发力度大，一线城市比二线城市、三线城市资源总量大，城市中学比县镇中学、农村中学开发的资源质量高。资源的总量大不代表资源的使用率高，目前我国优质数字资源的使用率总体不高，不利于中学教育教学质量的全面提高，不利于中学教师信息化教学能力的提高。

　　各级各类中学应该加强对优质数字资源的使用，同时重点开发适合本地区和本校的优质数字教学资源。实施区域联动机制，由地区教育主管部门牵头，统筹安排各校优质数字教学资源的购买、使用和管理。在优质数字教学资源的开发数量上予以控制，不能一味地追求数量，要注重开发质量，数量和质量并重。加强校校联合共建，实现优质数字教学资源共享。

1.1.1　数字教育资源

　　由教育主管部门提供的中学数字教育资源一般包括网络教学平台、地区的免费资源。或者引进资源开发技术，组织各级各类中学集体培训，自主开发。各级各类中学经上级教育主管部门批准后，也有一定的自主权，可以有选择地购买部分第三方已经建好的数字教育资源。中学数字教育资源的来源很多，获取渠道也很多，有利于各级各类中学开展信息化教学。

　　各级各类中学都有自己的数字教育资源存储方式，有的学校用磁盘阵列（HK - RDS）、移动硬盘等存储设备存储数字教育资源，有的学校利用网络云盘、资源库等存储数字教育资源。这是两种截然不同的数字教育资源存储方式，前一种方式实现的是本地存储，优点是校内师生在校园内凭借网络就可以随时使用；缺点是随着数字教育资源数量的增多，要不断增加存储设备的容量，使用成本、维修成本和管理成本较高，不能实现异地访问和使用。后一种方式实现的是异地存储，优点是方便快捷，资源存储、资源检索速度快，便于管理；缺点是必须借助能使用网络的特定电子设备才能获取。

　　各级各类中学的数字教育资源不是杂乱无章地放置。每个学校都有自己的资源分类方式，有的学校根据学生学习阶段的特征进行分类，可以分年级，也可以分学段；有的学校按照数字教育资源的类型进行分类，如电子图书、视频类、非视频类等；有的学校按照学科进行分类，如数学类、地理类、历史类等，各学科的数字教育资源还可以进一步细化；还有的学校按照数字教育资源的用途进行分类，可以分为课堂教学类、教学辅助类和考试专用类等。无论使用哪种分类方法，都是为了能够快速准确地获取资源，提高教师和学生的资源获取率。

　　各级各类中学的优质数字教育资源在实际使用过程中存在很多问题。无论是教育主管部门统一购买的，还是学校自主开发的，资源的利用率普遍不高。目前各校对优质数字教育资源的管理方式以粗放式统一管理为主，分类标准不够细致，教师和学生获取过程繁琐，不能方便快捷地有效利用，导致很多师生放弃使用本校的优质数字教育资源，转而通过互联网等其他途径获取教学资源，这是对现有优质数字教育资源的极大浪费，应该引起相关教育主管部门和中学领导的注意，一定要对现有优质数字教育资源实行合理分类和有效管理，提高资源的利用率。

　　截至 2016 年底，各级各类中学数字教育资源的覆盖情况，如表 1 - 1 所示。

表 1-1　数字教育资源的覆盖情况

	城市中学	县镇中学	农村中学	均值
提供视频类数字教育资源的学校（%）	95.7	88.5	75.3	86.5
提供非视频类数字教育资源的学校（%）	94.5	86.3	70.5	83.8
提供电子图书的学校（%）	83.5	67.7	43.1	64.8

从表 1-1 中可以看出，在各级各类中学中，提供视频类数字教育资源的学校比例均值为 86.5%，提供非视频类数字教育资源的学校比例均值为 83.8%，总量均值为 188.06GB，其中，城市中学各类数字教育资源的提供比例明显高于县镇中学和农村中学，各级各类中学中，国家免费提供的资源大体相同，在自主开发方面差异较大。

各级各类中学视频类数字教育资源的来源，如表 1-2 所示。

表 1-2　视频类数字教育资源的来源

	城市中学	县镇中学	农村中学	均值
国家免费提供（%）	48.6	60.2	61.3	56.7
学校自主开发（%）	35.4	29.9	24.7	30.0

从表 1-2 可以看出，农村中学的视频类数字教育资源主要来源于国家免费提供，占比 61.3%，高于平均值 4.6 个百分点，自主开发的占比为 24.7%，低于平均值 5.3 个百分点。县镇中学的视频类数字教育资源也是主要来源于国家免费提供，城市中学的情况相对好些。可见，为了实现教育资源的优化配置，国家在提供大量免费资源的同时，还应该给各级各类中学一定的自主权，为其配备一定数额的数字教育资源专项资金，便于各学校根据实际需要购买数字教育资源。

1.1.2　教学信息化系统

目前，我国城市中学教学信息化系统应用比较广泛，占比 70% 以上，使用较多的有教务管理系统、教研管理系统、教材管理系统和试卷管理系统等。教学信息化系统实际上是一种教学服务系统，是教师教学和学生学习的辅助系统，在整个中学教学中发挥着十分重要的作用，它既能为教学提供技术支持，又能为教学管理提供便捷方式，颇受欢迎。但是目前还有30%左右的县镇中学和农村中学没有购买信息化教学系统，说明我国城市中学信息化教学发展较快，信息技术和数学教学整合力度较大，但是县镇中学和农村中学信息化教学实施得较慢，尤其是农村中学，教学信息化系统使用方面处于落后地位。从整体上看，我国各级各类中学教学信息化系统应用水平有待提高，要在现有教务管理系统、教学课件制作系统等的基础上，引进网络考试系统，将教育信息化向前推进。

各级各类中学基本在校园网范围内使用教学信息化系统。校际间合作较少，偶尔有之。本校购买的各个信息化系统之间不能整合，各个系统都是相互独立的，造成了资源的浪费和成本的浪费。地区教育主管部门要统一部署，同企业或数据库开发商联系，开发一套涵盖教学各个环节的信息化系统，要求系统的兼容性强，服务人性化，能够在校际间一体化使用，达到信息和资源共享的目的。

1.1.3　信息技术教学应用

教育信息化的过程主要是现代信息技术与学科教学整合的过程。信息技术只有与学科教学深度融合，才能真正实现其促进教学发展的作用。信息技术可以应用于中学教学设计、教学研究、教学评价等环节。信息技术在教学设计中的应用包括教师对信息化教学资源的获取和开发，对信息化课堂情境的创设等；在教学实施环节的应用包括使用常用信息技术工具，整合信息技术与学科课程，使用交互式电子白板等。信息技术在教学实施中的应用是信息技术教学应用的主要方面，也是教师信息化教学能力提升的主要方面。

中学教师常用的信息技术工具包括：Word、WPS 等文字处理软件，

Excel等数据处理软件，Powerpoint、Authorware等课件制作软件，百度、Google等常用搜索引擎，迅雷、网际快车等下载文件，杀毒软件、防火墙等安全管理软件，飞信、微信等网络通信软件，BBS、博客、微博等网络信息发布软件。在实际教学过程中，中学教师使用最多的是Office办公软件，用Word写电子教案，用Excel统计学生成绩，用Powerpoint制作多媒体课件。多媒体课件是中学教师的教学助手，数学知识本身枯燥无味，不易理解，如果教师在课堂教学中一直利用黑板进行理论讲授，一言堂的教学方式不利于学生的知识吸收。将多媒体课件引入数学教学后，多媒体课件生动直观的画面感，给学生以全新的视觉感受，可以吸引学生的注意力。中学教师可以利用的数字信息资源还包括电子教案、教学视频，它们在教学中发挥的作用仅次于多媒体课件。

在各学科教学中，使用信息数字教学资源可以优化教学内容，改进教学手段，提高教学效率，但我国中学教学中信息技术的应用不太理想。信息化手段在课堂教学环节应用较多，占比90%以上，教师备课和实验环节应用次之，批改作业环节基本不用。

要想实现信息技术与学科教学的深度整合，就要扩大信息技术在中学教学中的覆盖面，目前，各级各类中学主要将信息技术应用于数学、语文、英语三大主科，其他小科很少涉及。

综上，我国中学教学已经在一定程度上应用了信息技术，但应用程度不够，范围不广。信息化教学资源较多，实际应用以多媒体课件为主，形式比较单一；信息化手段很多，基本上以课堂教学为主，信息技术应用形式不够丰富；信息化教学的学科覆盖面小，各学科渗透不均衡，不利于信息化教学的实施。将信息技术真正融入中学教学，需要使用多样化的信息化教学资源，采用丰富的信息化手段，加大信息化教学的学科覆盖力度，实现信息化教学的全面开展。

1.2　基础设施发展情况

教育信息基础设施建设是实施信息化教学的前提条件。"宽带网络校校通"是要实现各级各类中学宽带入校园，每位教师能够利用信息化设备和网络资源进行教学。各级各类中学都已建成信息化教学环境。

1.2.1　校园网及宽带网络

我国中学主要通过教育主管部门统一协调，使用区域教育专网，极少有学校与网络运营商直接签约，独自安装宽带的情况。一是因为教育主管部门不允许，二是中学对网络安全和网络管理要求较高，网络运营商不愿提供保障。

（1）网络接入总带宽

2012 年发布的《教育信息化十年发展规划》中指出，"到 2015 年，宽带网络覆盖各级各类学校，城市中学接入带宽达到 100Mbps 以上，边远地区农村中学接入带宽达到 2Mbps 以上"。截至 2016 年底，全国中学互联网接入带宽校均 66.32Mbps，接入率已达到 87%，城市中学基本实现无线网络覆盖，农村中学的网络接入水平有待提高。

（2）网络出口情况

电信和联通是推出宽带网络比较早的网络通信公司，移动和铁通的宽带网络是继电信、联通之后开发推广的，所以应用得比较少。截至 2016 年底，我国各级各类中学的宽带出口，电信占比最大，为 63%，联通次之，占比 31.2%，移动、铁通和其他专网较少。农村中学的网络出口明显低于城市中学和县镇中学。2016 年的《教育信息化"十三五"规划》规定，"城镇学校班均出口带宽不低于 10M，有条件的农村学校班均出口带宽不低于 5M"。这是要加大对县镇中学和农村中学的网络出口投资力度。

（3）校内网主干带宽

我国中学校内网主干带宽建设总体水平不高。截至 2016 年底，我国中学校内网主干带宽达到十兆或百兆的占 80%，千兆或万兆级的较少，只限于发达地区的大型重点中学。所以说"宽带网络校校通"不仅要宽带进校园，还要有快捷的上网条件，为师生提供优质的网络服务。

（4）网络安全管理

中学校园的网络安全极为重要，因为中学生处于青春期，正确的世界观、人生观、价值观尚未形成，同学习知识相比，网络对他们的吸引力更大，网络资源形形色色，如果不加以甄别，将会对中学生产生不良影响。截至 2016 年底，我国各级各类中学中，只有一半的学校实现了网络的安全控制，其余中学的校园网处于"不设防"状态，网络处于不安全状态。网络处于不安全状态的学校，应尽快加强网络安全管理，为师生提供安全健康的网络环境。

1.2.2 信息化终端

中学教师的信息化教学终端以计算机为主，个人计算机可以辅助教师完成备课、授课等环节的工作。学生的信息化学习终端以平板电脑为主，平板电脑易于携带，交互性强，场景灵活，各方面性能优于计算机，更适合学生随身携带进行学习。

我国中学教师信息化终端的配备水平要高于学生的配备水平，总体配备水平有上升趋势，网络教学条件明显改善。截至 2016 年底，我国中学教师人均配备个人计算机 1.6 台（表 1-3），能满足中学教师开展日常教学工作需要。但城市中学明显高于县镇中学和农村中学，县镇中学和农村中学的信息化终端的普及率低于城市中学的普及率。

表 1-3　教师计算机配备情况

	城市中学	县镇中学	农村中学	均值
师机比	2.3	1.4	1.1	1.6

我国各级各类中学在学生的信息化教学终端配备方面存在较大差异，全国生机比为 8.1∶1。实施"三通工程"以后，学生的计算机使用率较之以前已明显提高，未来的普及率会更高。

1.2.3　信息化课堂教学环境

（1）多媒体教室

"宽带网络校校通"的一项重要内容就是要为各级各类中学建设多媒体教室，多媒体教室是进行信息化教学的主要场所，是使用信息化手段的重要载体。我国各级各类中学多媒体教室的配备情况，如表 1-4 所示。截至 2016 年底，我国中学多媒体教室配备率已经达到 80%，城市中学配备率较高，农村中学仍然较低。需要加大农村中学多媒体教室的建设力度。

表 1-4　多媒体教室建设与使用情况

	城市中学	县镇中学	农村中学
配有多媒体教室的学校（%）	99.3	94.2	74.5
多媒体教室平均使用率（%）	89.4	67.1	45.2

（2）计算机教室

目前，全国中学的计算机教室设置情况为 80.2%，使用率均值为 83.7%，使用效果较好。各级各类中学的计算机教室是培养学生信息技术能力的主要地点，中学的学习特点和学习环境决定了学生不能随时随地使用计算机，只能在信息技术课程上课时间使用计算机。

（3）多功能教室

多功能教室具有教学、录播等功能。截至 2016 年底，全国中学配备多功能教室的比例为 32.4%，限于城市中学，农村中学基本上都没配备，据统计，全国有 30% 的中学未配备多功能教室。多功能教室可以召开远程视频会议，可以实现课堂教学的现场录播，可以实现异地同步课堂教学，还可以作为电子备课室，是提升教师信息化教学能力的重要场所。

1.2.4 教育卫星接收系统

全国中学主要利用 CEBSat 接收各类优质教育资源，通过地面接收系统接收信息，是中学远程教学的主要模式。截至 2016 年底，我国建立教育卫星数据接收系统的城市中学占比 20%（表 1-5），县镇中学和农村中学都达到 60% 以上，是城市中学的 3 倍多，是因为农村中学的地面网络接入条件较差，对教育卫星数据接收系统输送的资源需求大。而城市中学则刚好相反，所以它们的比例较低。

表 1-5　教育卫星数据接收系统

	城市中学	县镇中学	农村中学
建立教育卫星数据接收系统的学校（%）	20.0	63.7	60.4

1.3　管理信息化情况

管理信息化是中学管理水平提高的重要标志，管理信息化可以提高学校的服务水平和工作效率。管理信息化包括学校信息门户、信息化服务系统、信息化管理系统三个组成部分。

1.3.1　学校信息门户

我国大多数城市中学都建立了自己的门户网站，县镇中学比例稍低于城市中学，农村中学比例最低。门户网站是中学校务公开、展示办学特色、与社会沟通的窗口。中学门户网站有两种访问状态，一种是校外、校内用户都可以访问的网站，另一种是只有校内用户可以访问的网站。截至2016 年底，全国中学校外可以访问的门户网站占比均值为 56.7%（表 1 - 6），是 2012 年 35.2% 的 1.6 倍。

表 1 -6　建有校外可访问门户网站情况

	城市中学	县镇中学	农村中学
建有校外可访问门户网站的学校（%）	78.3	61.6	30.2
没有校外可访问门户网站的学校（%）	21.7	38.4	69.8

1.3.2　信息化服务系统

我国中学的信息化服务系统一般是由教育主管部门统一配备的，学校没有自主权。信息化服务系统应用于教学运行各环节，作用越来越显著。信息化服务系统包括校级电子邮件、家校互动平台、校园一卡通等。校级电子邮件系统方便快捷，家校互动平台方便学校和家长随时沟通，便于家长了解学生动态。截至 2016 年底，全国各级各类中学建立校级电子邮件的占比为 51%，比 2012 年高了 27 个百分点。有 42% 的学校建立了家校互动平台。

校园一卡通非常实用，是各中学积极建设的信息化服务系统，校园一卡通兼具餐卡，图书证、学生证、洗浴卡等功能，使用校园一卡通特别方便，校园一卡通充值后，学生可以使用它就餐，借书，还有的学校为了方便学生，将一卡通开通了市内公交卡功能，便于学生上学放学乘坐公交车。校园一卡通是多项功能的整合，开发和建设难度较大，但因为它的方便实用性，在各中学使用广泛。

以上介绍的校级电子邮件、家校互动平台、校园一卡通等信息化服务系统在城市中学和县镇中学使用广泛，农村中学受条件限制，有一半以上没有开通信息化服务系统。

1.3.3 信息化管理系统

信息化管理系统提高了中学教学管理工作的效率，在中学各项管理工作中发挥着重要的作用。信息化管理系统包括教务管理系统、科研管理系统、教研管理系统、教材管理系统、图书管理系统、财务管理系统等。目前，我国有超过50%的中学使用了信息化管理系统，以学生管理系统和教学管理系统居多。从总体情况看，我国中学管理信息化水平有待提高。

1.4 保障体系建设情况

1.4.1 信息化机制建设

要保证信息化教学的有序开展，必须建立信息化教学领导机构。全面领导中学信息化教学工作，制定实施信息化教学的规章制度，制定信息技术与本校各学科整合的标准，建立信息化考核评价体系，组织管理全校信息化工作。信息化教学领导机构的领导一般由校长或主管信息化教学工作的副校长兼任，机构设在办公室。截至2016年底，我国各级各类中学中，设立信息化教学领导机构的达到80%，由校长或副校长兼任信息化教学领导机构领导的达到90%（表1-7），这说明我国中学越来越重视信息化教学。

表 1-7 教学信息化机构领导设置情况

	城市中学	县镇中学	农村中学
设置信息化教学机构领导岗位（%）	97.9	88.6	80.6

1.4.2 信息化经费投入

信息化建设的最大障碍是经费不足，信息化教学运行需要大笔经费，包括硬件的配置、软件的购置、人员的培训、设备的维护等经费。虽然上级主管部门每年都会对信息化教学进行投入，但仍不能满足各中学信息化教学的需要。尤其是农村中学，信息化经费投入更是少之又少，出现各种经费短缺问题。全国各级各类中学的信息化经费预算形势，如表 1-8 所示。

表 1-8 学校信息化经费预算形势

	2012 年	2016 年
单列专项预算的学校（%）	27.6	32.7
纳入各部门预算的学校（%）	44.3	59.2

从表 1-8 我们可以看出，相比于 2012 年，中学信息化经费预算比例明显提高，达到 90%。专项和部门预算比例均有提高，这说明各中学越来越重视信息化教学。

1.4.3 教师能力提升

教师是实施信息化教学的主体，要注重中学教师信息化教学能力的培养。传统教学注重知识的传授，教师的精力主要用于钻研教材，挖掘教学内容。信息技术的引入，给传统教学带来了巨大变化，对教师也提出了新的要求。中学教师要具备信息化教学能力，这对中学教师来说是一个全新体验。中学教师首先要具备信息意识，具有接受信息技术并应用信息技术的态度，培养使用信息技术的兴趣，才能积极主动地将信息技术与学科教学进行整合，将信息技术应用于课堂教学设计、课堂教学情境设置、教学实施过程、教学评价和教学反思等环节。

教师信息化教学能力的提升是一个缓慢的过程，是一个教师对信息技术的接受过程。在这一过程中，年轻教师转变较快，乐于进行信息技术与学科教学的整合，年老的教师已经适应了传统教学方式，认为自己原有的教学方式很好，教学效果不错，不用引入信息技术来改变教学方式。针对不同年龄段教师对待信息化教学的态度，应该有不同的解决方式，这也是教育主管部门和学校领导需要思考的问题。

目前，我国中学提升教师信息化教学能力的途径主要是开展相关培训。培训主要有三种形式，有教育主管部门组织的培训，有校本培训，还有教师自己通过网络进行学习。由教育主管部门组织的培训存在很多问题，培训内容不符合实际，培训形式单一，培训时间不合理等。校本培训相对好一些，如果针对具体学科，各学科教师参加意愿强烈，但是，中学学科众多，所有学科全部培训不仅程序繁琐，而且时间受限。只有自学的学习方式最适合中学教师。据统计，在这三种培训方式中，自学方式最受欢迎，占比达79.6%，比2012年提高了37.1个百分点，教师对信息化教学的接受程度越来越高，提升自身信息化教学能力的意愿越来越强烈。

针对目前教师信息化教学能力培训中存在的问题，教育主管部门应该在培训前在各中学进行广泛调查，听取教师意见，针对教师感兴趣的领域选择培训内容，合理安排培训时间，使培训工作具有针对性和实效性。中学教师比较感兴趣的信息化教学培训内容包括：课件制作、信息资源的获取、教学设计等。据调查，中学教师对课件制作培训最感兴趣，课件制作技术最受欢迎，占比达到80%以上；其次是信息化教学设计，占比56.8%。对专业软件的使用、教学工具的使用感兴趣的中学教师较少，说明中学教师对信息技术与中学教学的深度整合的重视程度有待提高。

1.5　总体情况分析

我国中学教育信息化总体状况较好，教育部"三通工程"的大力度投入，使全国中学教育信息化基础设施建设初具规模，信息技术在教学中应用范围正在逐渐扩大，信息化教学管理系统日益发挥重要作用，保障体系日趋完善。同时也要看到，教学信息化发展的不均衡，发达地区和欠发达地区中学的差距，城市中学、县镇中学和农村中学的差距，教育资源开发利用中不能兼容导致浪费，学校门户网站的建设水平偏低，教师信息化教学能力有待提高。这些是中学教育信息化过程中不可避免的问题。教育主管部门和各中学领导要高度重视这些问题，及时找到解决途径，加快中学教育信息化进度，推动我国基础教育整体向前发展。

（1）基础设施初具规模，均衡发展是关键

通过实施"宽带网络校校通"工程，国家为各级各类中学配备教学信息化必需的硬件设备，提供了大量免费的数字教学资源。但是不同地区的中学，不同层次的中学，在信息化教学设备的使用方面，在信息资源的开发利用方面，在信息系统的使用方面都存在较大差距，城市中学明显占优势，农村中学处于劣势。如果不予以重视的话，差距会越来越大，教育发展的不均衡性会愈加严重。

在后续的教育信息化基础设施建设方面，要加大对经济欠发达地区、边远地区、农村地区的投入力度，逐渐改变这些地区的落后地位，发动城市中学带动农村中学，发达地区中学带动欠发达地区中学，实现教育资源共享，逐步缩小差距，最终实现全国中学信息化教育整体向前发展。

（2）信息化应用水平有待提升，深入整合是关键

我国中学教学已经在一定程度上应用了信息技术，但应用程度不够，范围不广。信息化教学资源较多，应用情况不佳，教师在实际教学中，仍以多媒体课件为主要教学资源，其他教学资源使用较少。信息化手段很

多，可以在备课、授课、考试、实验各个环节体现，但是中学教师基本上在课堂教学中使用信息技术，信息技术应用形式不够丰富。信息化教学的学科覆盖面小，基本上应用于数学、语文、英语这三个基础学科，各学科渗透不均衡，不利于信息化教学的实施。

因此，提升教师的信息技术应用水平，必须着重解决上述问题，积极引导教师利用多媒体课件以外的优质数字教学资源。鼓励教师在教学研究、教学评价等环节使用信息技术。扩大信息化教学的学科覆盖范围，将其他非基础学科纳入信息化教学范围内，实现信息技术与学科教学的全方位整合，促进其全面发展。

（3）中学教师培训已成体系，能力提升是关键

中学教师信息化教学培训已取得初步成效，教师的信息化教学能力有所提高。相对于主管部门组织的培训和校本培训，中学教师更喜欢自学，通过网络自主选择感兴趣的信息化学习内容。经过培训，大部分教师开始重视信息技术在学科教学中的应用，信息化设备使用能力明显增强，信息化教学手段开始走进课堂，优质数字教学资源不断充实教学内容，能够利用多功能教室备课，制作电子教案。教师的信息化教学设计能力、实施能力和研究能力都不同程度地得到提高。

但是，也要注意年轻教师和年老教师对待信息化教学的态度，应该用不同的解决方式。教师对学科工具和专业软件的使用兴趣不高，这都是教育主管部门和学校领导需要注意的问题。

（4）数字教育资源逐步普及，共建共享是关键

"优质资源班班通"工程的实施，为全国各级各类中学提供了大量优质教育资源，中学数字教育资源的来源很多，获取渠道也很多，有利于各级各类中学开展信息化教学。每个学校都有自己的资源分类方式，为师生提供方便快捷的获取方式，提高师生的资源获取率。优质数字教育资源在实际使用过程中也存在一些问题。资源的利用率普遍不高，分类标准不够细致，数字教育资源的覆盖率有待提高等，各中学要针对问题，找到切实可行的解决措施，使数字教育资源逐渐走上良性循环之路。积极鼓励各中

学联系教学实际，开发校本优质数字教育资源，各学科齐头并进，注重建设质量，逐渐形成特色资源体系。由教育主管部门牵头，推动地区间的优质数字教育资源联合建设，实现教育资源的共建共享。

　　教育信息化是一个全民工程，不仅要有政府主导，学校参与，还应呼吁社会力量加入信息化建设工程中来。共同进行信息化教育基础设施建设，促进优质教育资源的共建共享，促进地区教育均衡、可持续发展。

第2章

DIERZHANG

第之卷

中学数学课程与信息技术整合

2.1　数学课程与信息技术的整合过程

数学是一门逻辑性、抽象性非常强的学科，学习数学有利于培养学生的抽象逻辑思维。中学生的思维处于思维发展的过渡阶段，其占据主导地位的思维是具体形象思维，如何将数学知识的抽象性与中学生思维的形象性有机联系起来，实现从具体形象思维向抽象逻辑思维的跨越，信息技术作为桥梁能够很好地解决这个问题。信息技术是一种获取知识的工具、一门实用的学科，将其引入教育领域推动了教育领域的全新发展。教育领域的各个环节都渗透着信息技术的气息。信息技术推动了教育内容的创新、教育手段的转换、教育方法的改变，它是全面实行素质教育，培养综合素质全面发展的实践性应用型创新人才的关键和核心。信息技术正在以前所未有的速度与各学科交叉融合，推动各学科向前发展，为各学科注入了生机和活力，同时也对各学科任课教师提出了新的要求，学科教师要以教育技术为依托，不断提高自身素质，在教育教学中解放思想，开拓思维，努力探索，积极实践，将学科课程与信息技术整合的优秀成果应用于课堂教学，不断提高教学效果。信息技术走入数学领域，在数学领域的发展、应用，改变了传统的数学教学方式，提升了数学教师的信息意识、信息素质和信息能力，增强了学生的学习兴趣，改善了教学效果，提高了教学效率。

信息技术融入数学教学并在数学教学中广泛应用，引起了数学教学内容、授课方式、学生学习方式等方面的深刻变化。将现代信息技术引入中学数学课程的根本目的是让学生对学习数学有兴趣，掌握数学学习规律，认识数学的本质。所以在不同等级的中学数学课程中，教育技术与数学课程的整合侧重点不同，初中数学课程是将算法融入基本的代数运算，而高中数学则是将算法融入比较复杂的代数运算，信息技术在平面几何和立体几何中的应用也有一定的差别，统计中需要进行的数据处理、方程的近似求解等都是高中数学教学内容与信息技术的整合实例。信息技术先进的发展理念、雄厚的技术基础，为数学教学提供了更广阔的发展空间，也为数学教师提供了一系列可供研究和探索的课题，数学教师应该积极进行这方面的探索，推动数学学科和教育技术的整合发展。

2.1.1　数学技术与信息技术的关系

（1）数学技术是信息技术的支撑点

记数技术的产生和发展有着悠久的历史，它是人类最初掌握得比较完善的技术之一，远古人类为了方便记事，在石头上、树干上刻下痕迹，是我国记数技术的萌芽。经过时光的洗礼，我国的记数技术已经走向成熟。记数技术有很多种，无论是刻痕记数（几万年前的原始人类在树干、骨头上刻数记事）、结绳记数，还是现代的纸笔记数、计算机计数，都是不同历史发展时期记数技术的具体体现，所有这些记数方式都是记数技术发展史上不可或缺的组成部分，正是在此基础上，才有了我们今天完备的技术支持。鉴于此，我们也可以看出，数学是计算的基础，数学技术是计算技术的主体。电子计算机的出现为现代世界创造了一个神话，它就是神奇的0与1的组合体，它实现了数学技术和信息技术的完美结合。

德国哲学家、数学家莱布尼茨于1679年发明了二进制计算法，以"1与0，一切数字的神奇渊源。"为标题的手稿为世界创造了一种最具普遍性的、最完美的逻辑语言。今天的现代科技以此为依据，发明了电子计算机。数学渗透在人们日常生活的各个方面，与人们的生产生活息息相关，人们在日常生活、工作中时刻体味着数学的精确性、有效性和内在美。数学以"0，1"这种独特的形式参与信息技术的发展，推动信息技术成为新的生产力，发挥着巨大的作用。数学为信息技术的发展做出了巨大贡献，它是信息技术进步并不断创新的关键要素，已然成为信息技术的支撑点。

数学技术是指实现数学运算、逻辑推理、实际应用的信息技术，它与数学学科的发展形影不离，随着数学的进步而进步。将数学的思想、方法、原理与信息技术融合形成的数学技术是一种高科技。如果离开数学技术，信息技术就会成为无本之木、无源之水，更谈不上发展。"信息技术是指对信息进行采集、传输、存储、加工、交流、应用的手段和方法的体系。"信息技术中的硬技术是一种物化形态的技术，指各种信息设备；软技术与硬技术相对应，是一种智能形态的技术，指信息获取和处理的知识、方法与技能。硬技术用二进制（计算机语言的 0 或 1）来表达人类的全部信息，这是人类发展史上的巨大科学成就，是数学技术与信息技术的完美科学整合；软技术的实现也是与数学密不可分的，无论是信息获取，还是信息处理，都是数学化的过程。可见数学技术与信息技术相互融合，相互支撑，在交融并进中共同发展。

（2）信息技术是数学技术发展应用的平台

信息技术使数学以技术化的方式呈现在社会生活的各个领域，使数学以前所未有的力量推动了政治、经济、文化、科学、社会、技术的巨大进步。与此同时，数学技术本身也在不断发展，图形计算器以及 Mathematica、Matlab 等数学软件的功能越来越强大，为图形演示、数值计算、微分方程求解、思维实验、因式分解、符号演算以及机器证明提供了更方便快捷的方式。计算机是数学技术实现跨越式转变的物质载体，正是有了数学技术，计算机的功能越来越强大，信息处理功能、编程功能、实验模拟功能、数据分析功能、验证功能等都要以计算技术为基础，这说明数学本身就具有科学和技术的双重身份。计算机的发展使非常复杂的数学问题很容易得到解决，并能动态地表达数学知识的构造，呈现问题的产生、发展、解决过程，实现人机互动性推理。计算机在赋予数学家们灵感、直觉的同时，也为他们的科学研究提供了更加便利的条件。

（3）信息技术是数学课程整合的助推器

随着信息时代的到来，信息技术正在以惊人的速度为教育领域带来全新的变化。它不仅在改变着教师的教学方式、学生的学习方式，还在改变着教学内容的呈现方式、教师和学生的互动方式。新一轮基础教育课程改革正在如火如荼地展开，这是教育应对信息时代挑战所做出的抉择，为了学生的全面发展，为了教育的美好明天，为了中国梦的实现，教育领域将以信息技术为助推器，全方位、深层次、宽领域进行改革。在当前基础教育课程改革的新形势下，数学教育作为基础教育的重要学科，数学课程改革的意义重大。信息技术的发展是数学教育发展的丰厚的土壤，数学教育的方方面面在这块沃土中都会发生重大的改变。数学课程指导思想、数学课程的设计与实施都要与信息技术进行整合。

2.1.2　新课程标准下数学课程与信息技术整合的发展阶段

基础教育新课程标准的颁布实施，要求相应课程的内容、形式、方法以及组织实施必须进行全面改革。只有在实际教学中不断探索课程与信息技术的整合，才能尽快赶上教学改革的步伐。在信息技术与数学课程的整合过程中，根据信息技术投入与学生学习投入的相关性，将其划分为三个阶段。

（1）封闭式的、以知识为中心的阶段

封闭式的、以知识为中心的课程整合阶段包含了传统的数学教学和目前大多数中学数学教学。在这一阶段，数学教学必须严格执行教学大纲，学生按照教师的要求进行学习，学习的内容基本局限于教材范围内，学生无法体验教材外丰富的资源。教师在教学过程中偶有创新，即按照教学计划安排好教学时数和具体教学流程，如果某部分课程内容较少，可以适当安排一些讨论，追加设计一些与本课程相关的教学活动。如果课程需要讲授的内容很多，则采取"填鸭式"教学，一定能够"保质保量"完成教学任务。根据信息技术参与教学的程度，可以分成三个层次。

①第一层次：信息技术作为演示工具。这是目前教育领域最为广泛的信息技术应用形式，它是信息技术融入教学的最基本功能，是信息技术在学科教学中的最低级表现形式。

在这一层次中，教师利用信息技术驾驭教学的方式基本上分为两种：第一种是从学校购买的素材库中选择适合自己的教学软件和课件，上课时直接使用；第二种是利用 PowerPoint、Authorware 等多媒体制作软件，根据所教课程内容，自行制作教学课件。自制课件完全是按照教师个人意愿制作，整体结构的设计、内容的选择、图标的插入、动画的制作等与教学思路完全吻合，有利于教师教学理念和思想的表达。多媒体课件的使用在一定程度上代替了传统粉笔、黑板书写式教学，更加形象地呈现了教学内容，具有传统教学无法比拟的优势。

②第二层次：信息技术作为交流工具。师生交流是整个教学过程中的核心要素，教学是教与学的过程，贯穿始终的是师生交流，没有师生交流的教学是失败的教学。能够寻找到师生交流桥梁的教学就是成功的教学，信息技术不失为一个极佳选择，将信息技术引入教学，为师生搭建一个交流平台，为师生创造广泛交流的机会，在和谐的环境中促进师生感情的培养，提高学生的学习兴趣，引导学生主动地、富有个性地学习。

"信息技术作为交流工具"主要是指信息技术在教学过程中发挥着促进师生感情交流的作用。信息技术在数学教学中是以辅助教学的方式引入的，即在网络（可以是互联网，也可以是局域网）环境下，使用 QQ、BBS 等交流工具，以班级为单位进行讨论交流。教师根据教学需要在讨论组中设置一些讨论话题，也可以发动学生提供自己感兴趣的话题，师生双方在课余时间围绕这些话题进行讨论，充分交流，增进感情。

与第一层次的教学方式相比，本层次仍以讲授作为主要教学方式，教学方法、教学手段以及教学评价方式变化不大，教师在教学中处于主导地位，学生在教学中处于听众地位。只是教师在传授知识的同时，还要实现与学生的互动，即对交流的组织和管理，进而吸引学生到学习中来，激起他们的学习兴趣和积极性。但是，这项功能必须借助互联网和局域网，这是这一层次对信息技术提出的新要求。

③第三层次：信息技术作为个别辅导工具。运用各种教学辅助工具可以提高教师的教学效果和学生的学习效果，各种操作型、练习型、辅助测验型计算机软件的出现，为教学提供了更多的便利条件。通过使用这些辅助性教学软件，学生在课后进行练习和测验，巩固所学知识，制定自己的学习计划，实现了有效学习。在这一层次中，计算机软件可以实现出题、成绩评定等功能，在一定程度上代替了教师的部分职能。可见，学生和教师借助计算机均达到了自己的目的，必然会对信息技术产生依赖性。需要注意的是，学生个体存在差异，教学的参与度不同，对信息技术的要求就是作为辅助教学和师生之间交流的工具。

这一层次中，个别式辅导和个别化学习是"信息技术作为个别辅导工具"的主要特征，在教学环境封闭的条件下，学生多接触各种教学辅助软件，看到了丰富多彩的信息环境，提高了学习的积极性。这些信息技术交流工具是学生学习的有力工具，学生就学习中遇到的问题与教师或其他学生交流。教师要与学生共同学习，时时关注学生的学习进展情况，及时解答学生遇到的问题，根据不同学生情况因材施教。教学评价方式主要是阶段性测验。

（2）开放式的、以资源为中心的阶段

开放式的、以资源为中心的课程整合阶段与封闭式的、以知识为中心的课程整合阶段明显不同，它不再以个别化学习、讲授方式为主要特征，而是将一种全新的教学观念应用于教学实践。教师偏重于建构学生的知识结构，教学是开放的，以资源为中心，以学生为主体，学生可以广泛地学习多学科的知识，可以占有丰富的教学资源，进而实现各种能力的培养。在这一阶段，教师不仅仅是教学的主导者，还是学生学习的指导者和帮助者，是教学过程的组织者。根据信息技术参与教学的程度，可将这一阶段细化为以下三个层次。

①信息技术提供资源环境。现代社会的发展，对所需人才提出了更高的要求。他们需要具备信息能力，信息能力包括信息获取能力、信息分析

能力和信息加工能力。学校人才培养的目标是使其适应社会需求，在社会中寻找到适合自己的位置，实现人生价值。因此，学校要根据社会需求，注重学生各方面能力的培养，让学生能够在海量的信息资源中，筛选出符合自己需要的信息资源，为自己的后续学习打下良好的基础。

②信息技术作为信息加工工具。这一层次是对上一层次的进一步拓展，学校不仅要培养学生的信息获取能力、信息分析能力，还要采取各种方法和途径引导学生学会精确地筛选信息，实现对信息的全面了解和把握。"信息技术作为信息加工工具"是要培养学生的信息加工能力，使学生能够快速提取到自己需要的信息资源，并能够进行加工，再进行应用。本层次的实现前提是必须有信息技术提供资源环境，没有可供使用的资源，信息的获取、信息的加工、信息的应用都无法实现。

在这一层次的教学中，教师要注意学生的心理素质和个体差异，有层次、有针对性地培养学生的信息加工能力和流畅表达能力，使外部接收的信息知识内化成学生自己的知识。在学生知识转化的过程中，教师要在学生出现特殊情况时，及时给予引导和帮助。

③信息技术作为协作工具。同封闭式的、以知识为中心的课程整合阶段的个别化学习相比，本阶段采用协作式学习方式，这一方式有利于培养学生的团队意识、协调能力和责任心，推动学生向高级认知能力的转化，教师应予以高度重视。计算机网络技术的出现改变了传统教学对学生人数和教学内容等的束缚，为教师和学生的沟通交流、学习讨论提供了更宽泛的环境，使信息技术和课程整合进一步深化，同时也为协作学习的开展提供了技术支持和环境支撑。计算机网络空间大，可支配资源多，合作方式多样，合作途径方便快捷，扩大了协作的范围。在基于互联网的协作式学习过程中，存在四种基本的协作模式：竞争、协同、伙伴和角色扮演。

竞争是指两个及以上学习者就同一内容在同一情景中通过网络实现竞争性学习，目的是培养学生的竞争意识和竞争能力。

协同是多个学习者在完成共同任务的过程中，以各自的认知特点为基础，共同探讨，分工协作。

伙伴是在网络中找到相似伙伴，二者共同学习、共同进步。

角色扮演是在使用网络技术的情境中，学生扮演不同的角色，通过QQ视频等互相学习的过程。

（3）全方位的课程整合

全方位的课程整合是将信息技术与学科课程设计的各方面进行深度结合，使课程的各个组成部分均按照基础教育新课程标准进行不同程度的改革。

①教学内容改革。传统的教学内容侧重基础理论知识及逻辑推理，学生学习后知其然而不知其所以然，学习停留在表面。信息技术的引入，使数学教学内容更加注重知识的内在联系，理论知识与实践的联系，给以传统的理论和实践相脱节、简单的知识传授为特征的教学内容带来了巨大冲击。信息技术带来的多媒体教学内容结构形式、超链接教学内容结构形式正在逐渐代替传统文本性和线性教学内容结构形式。

新课程标准对教材编写、课程设计、教学大纲制定、教学内容选择均提出了新的要求：教材编写要依据高难度、理论化的原则，在注重选择有特色的基本理论知识的同时，注意内容的呈现方式和知识体系的内在联系。教学设计要依据全面性、实用性、合理性原则，精炼教学内容，注重学生认识能力的培养。教学大纲的制定要坚持重基础的原则，注重学生思维能力的培养。教学内容的选择要坚持理论联系实际的原则，注重学生创新能力、解题能力、交流能力、协作能力的培养。

②教学目标改革。新课程标准提出的教学目标是以能力为核心，这对以知识为中心的传统教学目标提出了挑战。新课程标准指导下的教学实现了学生综合能力培养的宗旨，这个综合能力是信息处理能力、解决问题能力、逻辑思维能力和协作学习能力的总和。

③教学组织形式改革。教育内容、教学目标的改革必然带来教学组织形式的变革。完整的一堂课时间为45分钟或50分钟，时间固定，学生上课地点固定。新课程标准的教学目标将真实性问题作为学习的核心，以培养学生知识掌握和应用能力为出发点，必须对课堂教学进行优化设计，打

破传统教学中学习时间和空间的限制，为学生提供有利于能力培养的学习空间。在教学活动中，以项目和问题为导向，实行异质分组教学组织形式。

　　新课程标准对传统教学的冲击已经摆在我们面前，教师已经在实际教学中体验到了新课程标准带来的教育的全方位的变化，很多教师在信息技术与课程整合方面进行了积极探索和实践，积累了一定的经验。但是，信息技术与课程整合是一个反复实践、不断探索的过程，我们只有坚持不懈，才能不断适应新课程标准的要求。

2.1.3　信息技术与数学课程整合的范畴

　　（1）信息技术与数学技术理念的整合

　　理念是指引行动的指南，它是经过实践检验的理性化的观念，具有稳定性、长效性、持续性、指导性。数学理念在数学教育中具有举足轻重的作用，它是从事数学教育的逻辑起点，因此，形成正确的数学理念至关重要。中学数学新课程标准的几个基本理念都直接或间接地指向信息技术，尤其是信息技术在数学课程中的重要地位。我们在数学教学中使用信息技术时，不能仅仅将信息技术作为呈现课程内容的工具，而是要将信息技术作为教师知识建构的工具、学生自主学习的认知工具。要在课程教学中使用各种技术平台，加速数学教育与信息技术的结合，做到数学教育与信息技术兼容并蓄，共同发展。

　　算法技术的引入，使数学教育面貌一新，发生了很多实质变化。越来越多的教学实践表明，算法已经成为理解数学发展的重要线索，它在整个数学发展史上具有独特的地位，在今后的教学中，我们要注重算法的应用，将其渗透到数学教学的各个角落。信息技术因其具有最佳的传播性能、传递知识的中介性能，已经融入数学教育的深层结构，对数学教育内容进行了信息化处理，推动数学教育理论和实践研究向纵深方向发展。

　　信息技术的飞速发展给社会带来了日新月异的变化，改变了人们的生活方式和学习方式，也改变了数学教学和数学学习的方式。信息技术将晦涩难懂的数学知识变得通俗易懂，使数学变得生动活泼，更加贴近现实，贴近生活，贴近我们。信息技术这一理解、学习数学的媒介的出现，使数学走出课堂，走出考试，回归到其本体。信息技术改变了人们对数学的认识与看法，信息技术与数学课程理念的整合是数学教育发展的必然。

（2）信息技术与数学课程内容选取的整合

传统教学中，数学知识间处于条块分割局面，信息技术与数学课程内容的整合打破了这个局面，它打通了知识融合的道路，运用信息技术将代数、几何融为一体。义务教育阶段，数学课程标准按照学生的不同学段整合了学生的学习领域。没有硬性规定为教师教学和学生学习提供了可发挥的空间。只给出具体目标，使教学内容选择、教材体系编写、教学顺序编排更具灵活性。

信息技术的发展要求人们具有较高的综合素质，能够运用各种方法和途径获取信息，特别是使用计算机进行信息处理，解决日常生活中的一些问题。数学知识已经渗透到生活的方方面面，借助计算机可以将日常生活中一些重要的数学知识以快捷方便的形式呈现在课堂教学中，转化为教学内容，开阔学生的视野。计算机技术将现代数学的内容及时地渗透到中学数学中：①将分形、混沌问题、孤立子等非线性知识带入中学数学课堂；②将一些繁琐的计算、方程的求解、递归、迭代简化。利用计算机可以使数学教学内容更具有弹性，可以使学生发展空间更大，学会更多的有价值的数学知识，摸索出数学学习规律，使数学学习真正从理论走向实践。还可以使学生有更多的时间考虑如何探索、获取更多的知识，如用计算机符号系统表示数学内容、用计算机语言表达数学命题、用程序和算法表示数学过程等。

（3）信息技术与数学教学的整合

信息技术在数学教学中的应用，改变了数学教师对传统教师角色、学生角色的看法，引起了数学教师对新的教学方式、学习方式的关注。教师在教学各环节合理使用现代信息技术，重组创作教学内容，创设轻松愉快的教学情境，使学生在愉悦的状态下主动地学习，真正成为学习的主人。教师是学生自主探索、交流协作的引导者、陪伴者，而不是以往的单纯的知识提供者；学生是知识的主动探索者，而不是被动的接受者，积极参与问题的设立和讨论，主体能动性得到提升，学习兴趣得到调动，创造性思维不断激发，能够获得更多的学习机会与权利。

信息技术使数学教学中"固定的"知识"动"起来，是培养学生创造性思维、辩证思维的有效手段。利用信息技术平台将数学知识系统化，对教师的教和学生的学都将产生持久的影响。信息技术作为学习的平台，在人机互动中发现问题，可以满足学生多样性、个性化、区别化的学习需求。教师利用计算机可以方便地创设、改变和探索某种数学情景，在这种情景中，教师可以灵活地选择一些素材，设计更加开放互动的学习活动，学生可以利用丰富的素材，积极地参与学习过程，参与式教学、活动式教学和主体性教学都能得到实现，师生关系得以改变，成为真正的合作者。

教学方法是教学过程的重要组成部分，是教师教学能力的一种体现，教师要采用丰富多样的教学方法进行教学。"任务驱动教学法""研讨式教学法"激发了学生的学习兴趣；"案例式教学法""问题激励教学法"能够帮助学生快速理解并应用所学知识；"数学思维训练法""主题探究教学法"有助于学生理解基本概念和基本方法；各种教学方法使用时要注意算法教学的融入，概率与统计部分的教学是信息技术与高中数学课程整合应用得最好的典范。

算法是高中数学课程的核心内容，贯穿于高中数学课程的始终。新课程标准中算法教学占 12 课时，除第一次课讲清定义，其他课时均采用"任务驱动教学法"，布置教学大任务——数学知识及题目归类并判定算法。学生带着任务去学习，在教师的指导和帮助下，把高中阶段的数学内容按算法相关的方法分成 8 大类，学生在完成任务的过程中，不仅学到了知识，明白解决这些问题的方法和步骤即算法，而且学习兴趣大增，自主学习能力、探究学习能力得到培养。在"任务驱动教学法"的每个小任务的内容学习中，教师还可以采用"问题激励教学法""主题探究法""演示法"等应用信息技术的教学方法，教学效果也很好。在概率与统计部分的教学中一般使用 Excel 2007 软件中的图表进行教学，也可采用"任务驱动教学法"进行教学。

2.2 信息技术与中学数学课程整合的意义

中学数学课程与信息技术的深度整合是一个漫长的过程，需要做以下四件事情。

（1）做省时省力的事情

教师教学时需要借助很多工具，如直尺、量角器等，计算机及相关教学软件亦如此，它们也是教师教学需要凭借的工具。其实每位任课教师都有自己的专长，都在教学中积累了独具特色的经验。由于思维定势，每位教师都不愿意改变自己的教学习惯，实现新的教学方式的突破。比如有些教师喜欢用粉笔画比较复杂的几何图形，即使计算机能提供更方便、快捷、美观的图形，他们也不愿意去使用。其实，中学数学教师应该适时地接受新鲜事物，如果新事物对自身发展有利，就应该持批判接收的态度，这样既省时又省力，可以节省大部分时间用于教学的其他方面，并能达到事半功倍的效果。

（2）做过去想到做不到的事情

信息技术在中学数学教学中使用得很多，它可以到达传统教学中教师让学生想象和虚拟的意境。比如画圆内接正多边形，我们都知道正多边形的边数越多，它的周长就越接近圆的周长，它的面积也就越接近圆的面积，在黑板上画这个图形，圆规可以将圆画好，但内接正多边形的边数长度及角度却不容易把握。用几何画板或超级画板等软件，输入相应程序命令，很容易就能画好一个边数会逐步增加的圆内接正多边形。还有几何图形随参数变化、函数图像随参数变化、运动的图形留下踪迹、统计图表随数据变化这些传统黑板教学无法实现的东西，信息技术都会帮你解决。

（3）做过去没有想到的事情

计算机及相关教学软件的使用突破了传统教学的阈限。数学教师看到了信息技术为数学教学带来的新异变化，看到了身边同事因接受信息技术而发生的变化，激发了他们使用信息技术进行教学的欲望。他们大多在学习别人教学经验的基础上，自行制作课件，使用数学软件编程制图、设计动画、进行复杂运算和模拟仿真等，这是他们战胜自我的新突破，是不断创新、充实教学资源的实质性转变。

（4）吸引学生做喜欢的事情

教师对信息技术认识程度和依赖程度的提高，带来的结果是教学资源越来越丰富，信息技术运用越来越自如。可使用的资源变多，可凭借的技术纯熟必然导致教学过程中教师授课方法、学生学习方法和教学组织形式的变化。比如，当学生看到教师利用计算机自如地作图、计算，一个个几何图形、一道道复杂运算、一幅幅引人入胜的动画跃然于电脑屏幕上，他们也会产生跃跃欲试的想法。教师可以在有限的条件下，指导学生亲身体验数学软件操作，引导学生开展研究式学习。这种亲自参与的体验感，让学生与教学内容、教学环境更贴近，他们会全身心地投入到学习之中，学习兴趣更浓，学生的成绩和数学素养会显著提高。

2.3　信息技术对中学数学教学的影响

2.3.1　中学数学教师常用信息技术的三个类别

数学教师常用的信息技术，包括选择性地使用普适的信息技术、数学教学中常用的信息技术、某些专题教学活动需要的信息技术三个类别。

（1）选择性地使用普适的信息技术

普适性是指普遍适用的意思，这就意味着普适的信息技术种类很多，这些信息技术涵盖了各行各业从业人员都在广泛使用的信息技术。中学数学教师比较常用的信息技术工具包括 Word、WPS、Excel、PowerPoint、Authorware、QQ、E – mail、BBS、K12 等。Word、WPS 是数学教师最常用的办公软件，平时用来写材料、写论文，编辑教案；Excel 一般用来进行数据统计分析，如统计学生成绩等；PowerPoint、Authorware 是通用的课件制作软件，对中学数学老师尤其是自制课件的教师非常重要，课件是中学数学教师教学内容的动态体现；QQ 是最常用的直接进行交流的工具，是中学数学教师必不可少的交流工具，中学数学教师与同事进行业务交流，与学生、家长、朋友等联系离不开交流软件，E – mail 则是间接进行交流的最常用工具；当然，还有 BBS、K12 等网上论坛也可以进行一定程度的交流。

最后，我们讨论一下中学数学教师上网查资料的问题，前一节我们提到了信息技术与数学课程整合经历的三个阶段，从以知识为中心到以资源为中心，再到全面整合，其全过程都是以培养学生的能力为核心，上网查资料这一信息获取能力是学生必须具备的能力之一。要培养学生的信息获取能力，教师必须在信息获取方面更胜一筹，才能将学生教好。互联网上有浩如烟海的资源，包括收费的和不收费的两种。数学教师一般会使用不收费的资源。这主要是因为中学的办学经费有限，不可能拿出大部分资金用来购买 CNKI 中国知网、万方数据知识服务平台、新东方多媒体数据库、超星发现知识平台等大型商业数据库，这些大型商业数据库收录的信息资源特别丰富，专业性强，中学数学教师获取资料时，如果遇到商业数据库收录的，一般会通过本地区的图书馆联盟向地方高校图书馆免费索取，也有的中学数学教师会自己付费购买。

中学数学教师使用更多的是百度、Google、雅虎、搜狐等网络搜索引擎获取资料，这些网络搜索引擎中大部分资源是免费的，但是使用时需要有一定的技巧和方法，如果盲目、随意地查找资料，既费时又不能快速准确地找到自己真正需要的资料。各个网络搜索引擎都有自己的帮助文件，里面详细介绍了各个网络搜索引擎的使用方法，中学数学教师只有事先阅读帮助文件，熟悉各种检索技术的匹配方式，才能在信息资源的海洋里随心所欲。当各种网络搜索引擎提供的资料不能满足中学数学教师对本专业资料的需求时，中学数学教师可以寻找专业的论坛，在专业论坛上，无论是你提出问题、求助资料，还是分享心得体会，都会得到回应。数学教育方面，人教社的 BBS 和 K12 教育论坛是比较好的，这两个论坛里资源多，会员水平高，管理得很好，交互性很强。

　　MathWorld 是 一 个 相 当 专 业 的 数 学 网 站 （ 网 址 是 http：// mathworld. wolfram. com/），图 2 – 1 是 MathWorld 网站的首页。MathWorld 网站资源特别丰富，它网罗的数学词汇要比我们常用的"数学词典"还要丰富，它为使用者提供 Mathematica 格式的源文件下载。以科赫雪花图片及相关知识为例，如果你想了解科赫雪花图片及相关知识，在 MathWorld 网站，只需输入"Koch Snowflake"，就能出现大量的检索结果，既有图片，又有相关知识和参考文献。图 2 – 2 是科赫雪花生成的图片，图 2 – 3 是科赫雪花的各种推广形式图片，图 2 – 4 是科赫雪花生成的动画。如果你想查到更丰富、更多的资料，只要输入"circle"就可以实现相关关键词和文献检索结果的最大化。

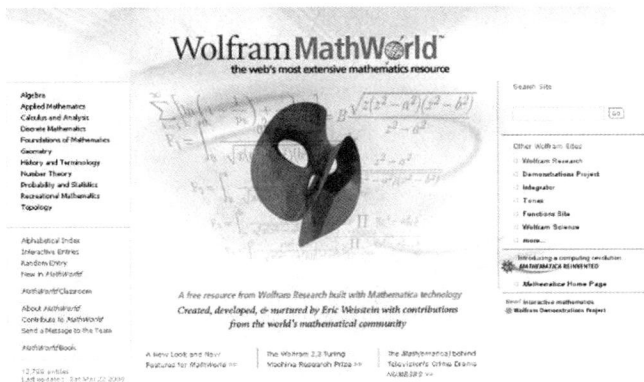

图 2 – 1　MathWorld 网站首页

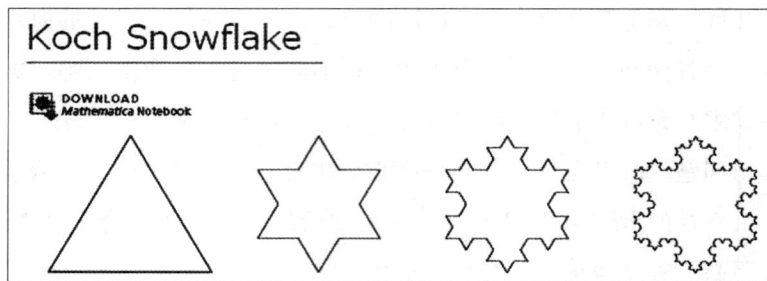

图2-2　科赫雪花生成图

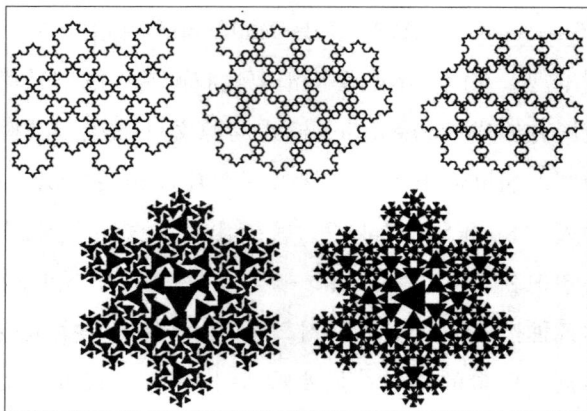

图2-3　科赫雪花推广形式图

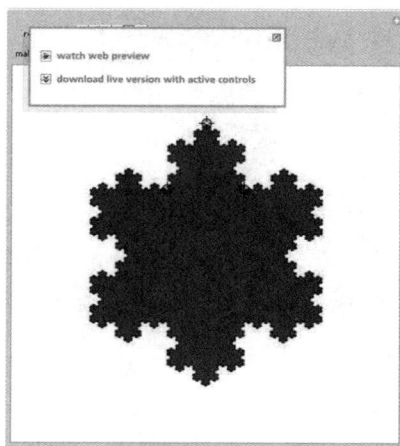

图2-4　科赫雪花生成动画图

　　普适的信息技术方便实用，是中学数学教师日常教学必不可少的助手。但使用普适的信息技术，不能完全达到理想的教学效果，应该采取慎重态度。以制作多媒体课件为例，中学数学教师制作多媒体课件时，一般会先选择一个自己中意的模板，然后按照教学需要填入相关内容。这类现成课件的缺点就是版块已经成型，很多学校共享同一个资源，不能体现教师的教学思路，教学效果一般。

　　（2）数学教学中常用的信息技术

　　普适的信息技术只能协助中学数学教师完成日常教学中的一般性工作，像复杂计算、数据测量、作图和程序设计等特殊的需求则需要借助专业的数学软件来完成。各国推广使用的数学软件各异，以动态几何软件为例，美国使用《几何画板》，法国使用《Cabri》，我国使用《超级画板》。这些数学软件的使用可以代替教师的手工劳动，节省手工作图时间，提高了工作效率，在教学中应用后能起到改善教学效果的作用。

　　中学数学教师在数学教学活动中得到了信息技术的诸多帮助，作图是其受益于信息技术的典型代表。数学教学中涉及最多的除了运算就是作图，制作各类几何图形（平面几何图形、解析几何图形和立体几何图形等），制作各类函数图像（三角函数图像、幂函数图像等），制作统计图表等等。

　　数学中蕴含的道理很深奥，但通过画图能将其生动地表达出来，教师作图是为了让学生看到图中所蕴含的数学道理，使学生明白数学道理其实是变化中的不变。

　　例如，当我们作两条线段和它们的一个交点的图形时，用鼠标拖动其中一条线段，它们的交点也会随着运动（图2-5）。在用动态几何软件作图时，对象图形会表现出两个特点：一是选定的对象可以用鼠标自由拖动，也可以通过改变参数设定来驱动；二是当选定对象位置变化时，其他的对象也会自动随之变换位置，整个图形的几何性质不变。

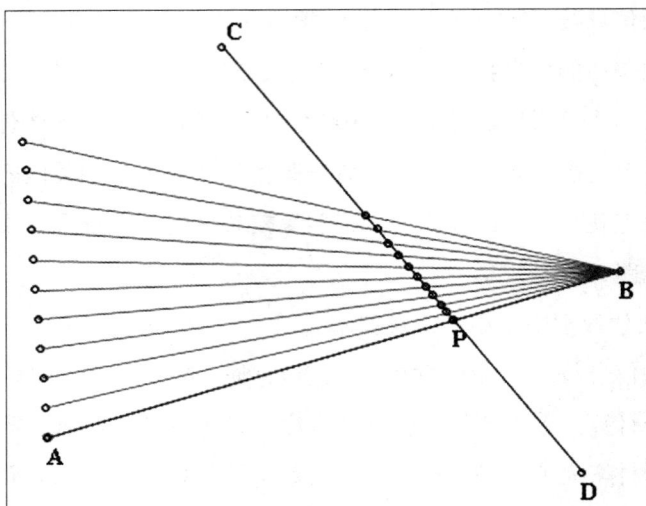

图2-5 两条线段及其交点运动图

用超级画板中的智能画笔可以作任意的点、线，直线与直线相交、垂直，直线上的点，平行四边形上的点，三角形与圆相交等几乎所有的基本几何图形（图2-6）。

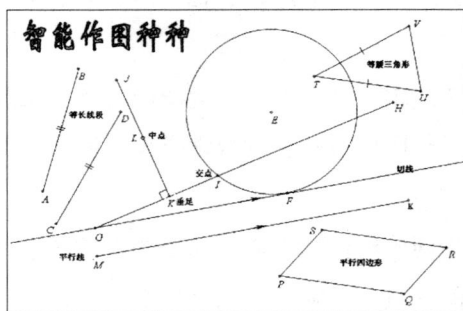

图2-6 智能画笔作任意几何图形

超级画板不仅能画基本几何图形，它还能画立体几何图形（图2-7）。

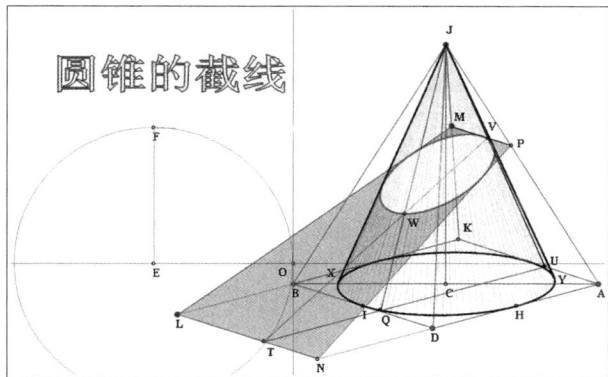

图 2 - 7　圆锥的截线立体图

中学数学教学中常做的工作还有绘制各类函数的图像。函数中的字母基本上都是可变参数，导致教师手工绘制难以完成，只有通过专业数学软件才能顺利完成。普通的软件可以解决一些基本的函数图像的绘制问题。复杂的函数图像如在曲线上取点，画曲线的切线，填充曲线下的区域，跟踪变化的曲线以形成曲线族，对积分进行分割，对曲线作几何变换等需要选择合适的作图软件，《几何画板》和《超级画板》各有利弊，一般美国数学教学会使用《几何画板》，但《几何画板》在解析几何方面功能较弱。《超级画板》是我国自主研发的，更符合中国中学数学教学的要求，它的操作很方便，例如用《超级画板》作圆锥曲线，一种方式是根据已知的离心率、焦点、中心、准线作图；另一种更方便，直接输入曲线方程就可以完成圆锥曲线的绘制。

动态几何软件具有超强的测量功能。使用动态几何软件可以准确地测出三角形角的度数、长方形的长度、宽度、扇形的面积等，还可以测量表达式的值、点的坐标、曲线的方程等。测量中，图形发生变化，测量的数据也会随之发生变化，教师可以引导学生通过观察图形的变化来发现其蕴含的几何规律。作图、测量、计算是动态几何软件的基本功能，使用动态几何软件是中学数学教师进行数学教学比较常用的教学方式，教学效果很好。

计算可以说贯穿于数学教学的始终，计算能力是数学学习的基本能力。中学数学教学无不体现着计算，既包括数值计算，例如，计算 $\frac{1}{2} + \frac{1}{3}$，得 $\frac{5}{6}$；计算 $\sqrt{2} + \sqrt{8}$，得 $3\sqrt{2}$；计算 2^{64}，得 18446744073709551616；还包括符号计算，例如，从 $a + a$ 得 $2a$，从 $x * x * x$ 得 x^3，从 $(a+b)^2$ 得 $a^2 + 2ab + b^2$ 等等。用专门的数学符号计算软件如 Maple、Matlab、Mathematica、Maxima 可以实现这些功能。

在新课程标准中，算法是高中数学的必修内容。基本算法语句是数学及其应用的重要组成部分，编写程序并进行实践是学习算法的最佳方式。学习算法时，学生在教师的指导下，自己编写运算程序，并在计算机上执行操作，在快速准确地解决所学问题的同时，对算法本身又有了进一步的了解，理解就会更深刻。

例如，在讲授多项式展开、数列等内容时会涉及杨辉三角，同时要画杨辉三角。超级画板可以轻松完成杨辉三角的制作（图 2 - 8）。

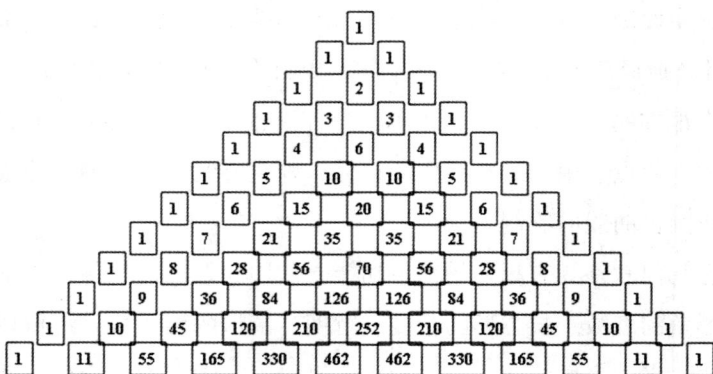

图 2 - 8　杨辉三角

中学数学教学中使用信息技术的地方很多，中学数学教师为了呈现不同的教学内容，需要对教学内容进行不同的信息技术处理，例如在出试卷时，会使用公式编辑器编辑数学符号和公式，办公软件 Word 等自带的公式编辑器输出的符号不美观，一些极特殊的符号没有。因此中学数学教师会选择 MathType 进行数学符号和公式的编辑，公式编辑器 MathType 的缺点是输入方式不便捷，需要在鼠标和键盘间不停地切换，超级画板和 Math 3.0 就能很好地解决这些问题。

使用超级画板和 Math 3.0 既简单又快捷，只要输入 a/b 就会显示出 $\frac{b}{a}$，只需输入 x^（1/2）就会显示出 $\sqrt{x}$。中学数学教学中，有时需要显示多个图文对象来说明一个问题，对这些对象出现的时间、频率、位置也有要求，这是普通的作图软件不能实现的，只有专门的数学软件才能达到这些特殊要求。

（3）某些专题教学活动需要的信息技术

超级画板的功能固然强大，但也有一些数学教学对信息技术的需求不能满足。例如教授分形几何时，几何画板更有优势，它能做到将所有迭代对象看作是一个对象，占据的存储空间少，运行起来比较流畅。其他的专门的分形几何软件使用效果也不错。图 2－9 是用几何画板制作的分形图片。

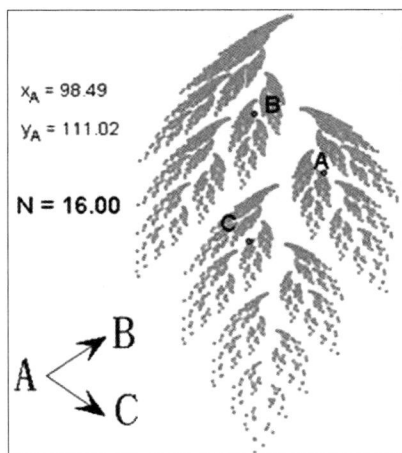

图 2－9 A、B、C 分形图

最为特殊的数学软件当属带有传感器的图形计算器，日常教学使用不到，在数学建模活动中需要采集物理、化学数据时才能用到。

2.3.2　信息技术对数学教育教与学的影响

计算机已经成为中学数学教师工作和生活中必不可少的组成部分。使用信息技术进行教学极大地提升了中学数学教师的信息化教学能力，推动了数学教育全面走向信息化，这是符合教育发展规律的历史必然。信息技术如涓涓细流在潜移默化中改变着数学教育的诸多方面。

（1）使用信息技术引发学生兴趣

数学本身是单调、枯燥的，很多学生花费大部分精力，反复大量做题，仍然成效不大。所以陈省身先生认为的数学好玩，传统教学模式下绝大部分学生不能认同这个观点。在中学数学教学中使用信息技术可以改变数学教与学的尴尬局面。现代教育技术能为数学教学提供直观形象的立体图形、生动有趣的动画效果，给学生以新鲜的视觉刺激，有利于激发学生学习数学的兴趣，勾起他们对数学知识的探求欲望，触动他们的积极性思维，只有学生自身产生主观能动性，发自内心地想学数学，他们才能爱学数学，喜欢学数学，学好数学，真正认为"数学好玩"。

以勾股定理教学为例，课堂教学时，如果教师开门见山直接讲勾股定理，学生必然会陷入迷茫中。但是如果教师在课前为学生展示勾股树的动画（图2-10），那产生的教学效果绝对不一样。勾股树动画中绚丽多彩的画面会让学生产生对勾股定理无限的遐想，学习兴趣应运而生，会自觉地产生探究的欲望，达到意想不到的教学效果。

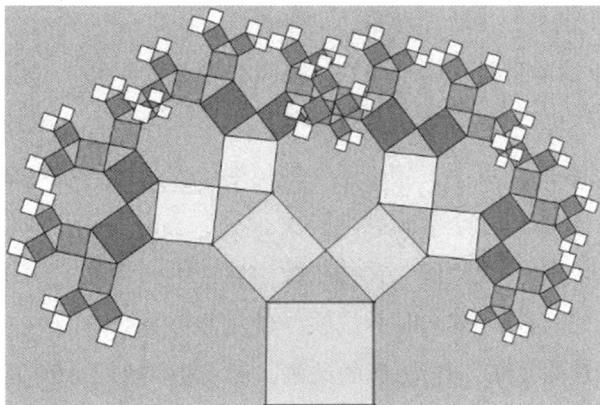

图 2 - 10　勾股树的动画图

　　一条曲线经过各种参数设定，会形成形式多样的图形。在数学软件中，只需将曲线的参数不停变换，我们的眼前就会出现如图 2 - 11 中所示的各种小图片，美轮美奂的各色图案让人难以置信。大家一定认为作如此多的图形，程序会非常复杂，其实步骤很简单。在数学软件中，图 2 - 11 中所示的所有小图片都是由 1 个圆、两条线段和几个点组成。如此简单的素材经过不同的组合会产生意想不到的效果，这也是数学软件的神奇之处。

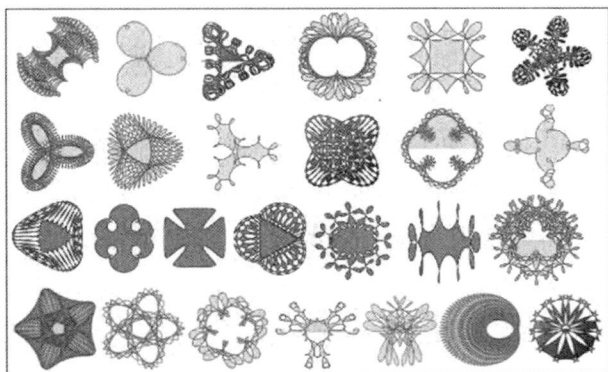

图 2 - 11　一条曲线的不同动画图

（2）使用信息技术让学生深入理解数学

正是由数学本身是一门抽象性、逻辑性很强的学科的性质决定的，在数学学习过程中，很多学生会有这样的压力：学习中会遇到难以理解的知识点，日积月累的难点不突破，学生的包袱很重。这些难点在信息技术面前迎刃而解，只需作几个动画就能解决。

以三角形的中位线为例，在传统数学教学中，教师先作 AB 的中点 E，AC 的中点 F，连接 E、F，即中位线。使用数学软件，先在 BC 上任取一点 D，跟踪 AD 中点 E，作点 D 的动画，就可以得到 $\triangle ABC$ 的一条中位线（图 2 - 12）。通过动画，学生了解了中位线是由无数个中点 E 构成的。

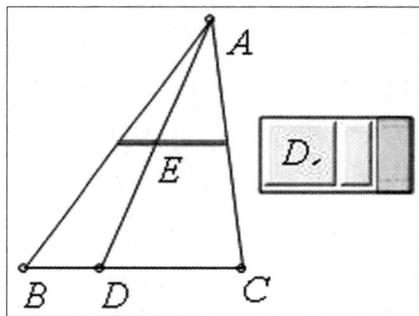

图 2 - 12　△ABC 中位线图

再如，讲圆面积公式的来历时，教师通常会向学生展示类似图 2 - 13 的插图。

实际上圆和矩形之间的转化是一个不断变化的过程，它是动态的，不是静止不变的，教师展示的只是静止的图片，不能体现这一过程。借助数学软件就能让学生清楚地看到，随着圆的分割份数的增多，圆弧接近直线，最后接近矩形的动态过程。图 2 - 14 展示的就是正弦波的叠加逼近矩形波的过程。

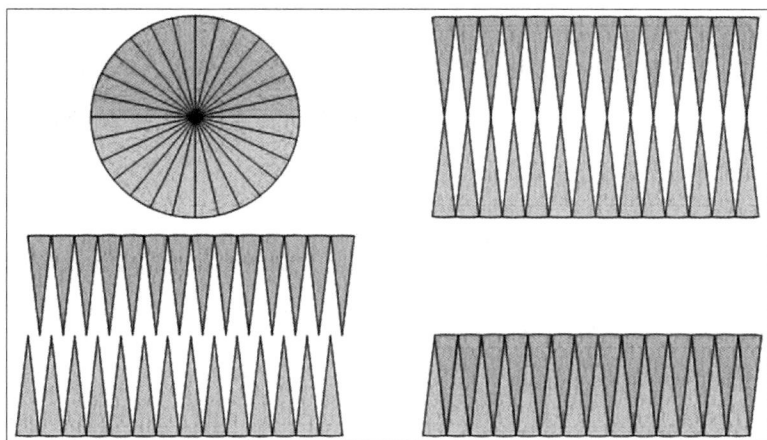

图 2-13　圆和矩形之间的转化图

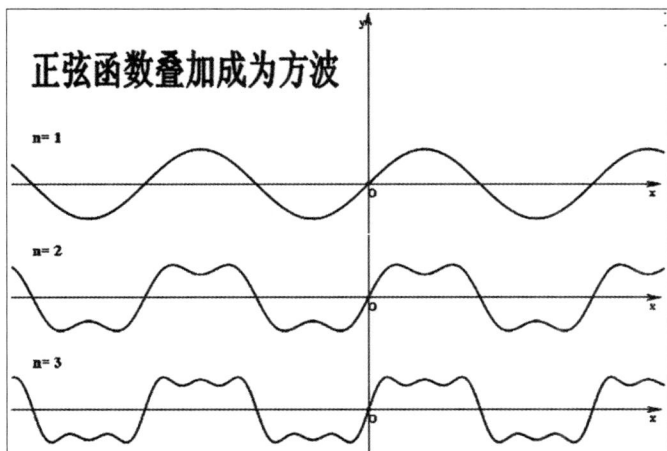

图 2-14　正弦波叠加逼近矩形波动态图

（3）使用信息技术提高教学效率

很多人认为信息技术的基本功能，是让中学数学教师节省书写板书的时间，讲授更多知识。实际则不然，如果一味地向学生灌输知识，违背学生的思维规律和记忆规律，学生反而接受不了，往往达不到预期的效果。可以用蒲丰投针实验来说明如何使用信息技术提高教学效率，传统教学中，教师会指导学生按照实验要求反复做投针活动，并详细记录相关数据，学生做完实验也没弄懂实验目的及其体现的数学道理。利用数学软件进行模拟实验（图2－15），学生通过生动的画面很容易理解用概率的方法可以计算出 π 的近似值的原理。

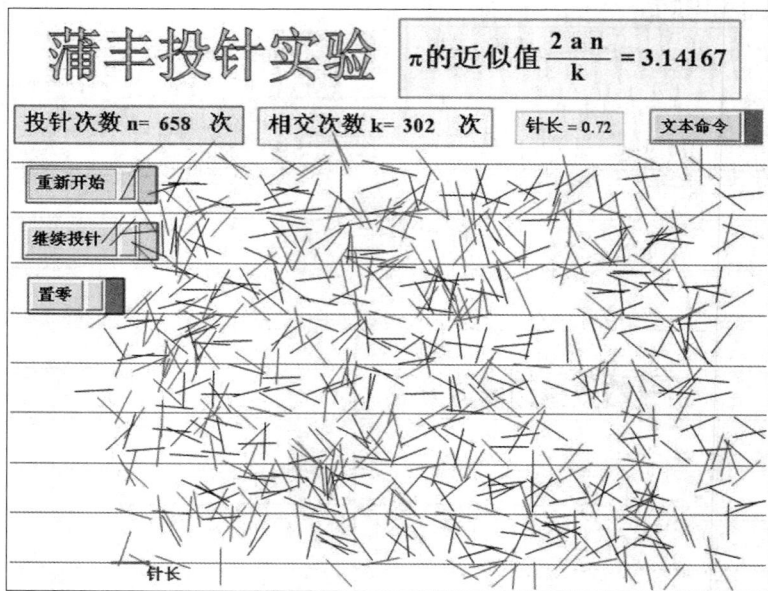

图2－15　蒲丰投针实验

　　再如，给定一个三角形和它的三条高线以及垂心图形，找出这个几何图形（图2－16）中成比例线段的组数。这个问题不凭借信息技术基本上找不全。使用信息技术则很快就能完成。使用数学软件，能够找到105组成比例的线段、42对相似三角形、111组相等的角等信息，并能给出每条信息的依据。

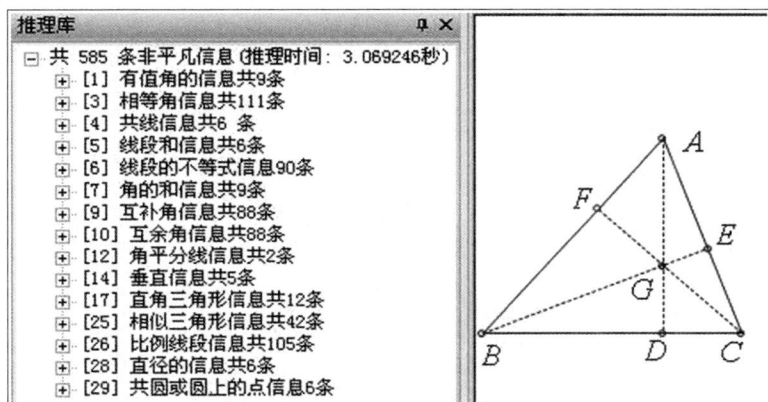

图 2 –16　查找三角形的比例线段图

（4）使用信息技术联系生活和大自然

"上帝是数学家，唯一能够描述宇宙的语言是数学！"这句话貌似太绝对，实际上蕴含着无法言喻的哲理。因为，我们的生活中处处有数学，车轮是圆形的，钟表上的数字可以辨识时间……大自然中也处处有数学，数学在大自然中无处不在。数学和大自然是紧密联系在一起的，用 Matlab 数学软件绘制函数 $\rho = e^{\sin\theta} - 2\cos(4\theta) + \sin\left(\dfrac{2\theta - \pi}{24}\right)^5$ 的图像，屏幕上会出现一只蝴蝶（图 2 – 17），图 2 – 18 是跟踪点的运动生成蘑菇的图像。很多中学数学中的函数图像都和大自然中的物体形状吻合。在数学教学中使用信息技术绘制各种函数图像，可以让学生领悟、欣赏数学的美，感受到数学与生活、大自然的紧密联系。

图 2 −17　$\rho = e^{\sin\theta} - 2\cos\left(4\theta\right) + \sin\left(\dfrac{2\theta - \pi}{24}\right)^5$ 的曲线图

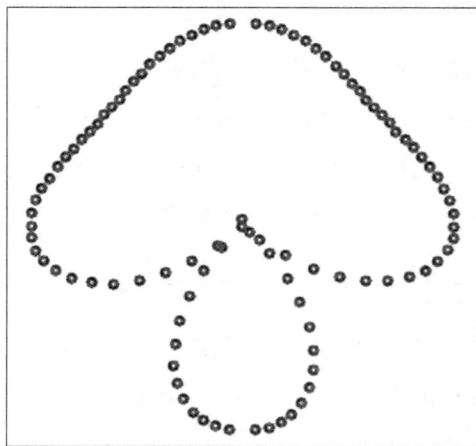

图 2 −18　跟踪点运动蘑菇图

2.4　中学数学教学信息技术常用应用实例

2.4.1　平面几何实例

平面几何也称欧几里得几何，是由欧几里得于两千多年前创造的，是人类比较有代表性的古老学科之一，采用了公理化方法，在整个数学思想史上具有重要的意义。数形结合是一种非常重要的数学思想方法，传统的数学教学受物质条件的限制，无法实现数与形的完美结合。随着专业作几何图形软件的产生，静态的平面几何逐渐向动态几何转变，而且在转变过程中保持原有的几何关系不变，这是对几何作图的发展和创新。正是因为专业作几何图形软件的出现，使几何学这门古老的学科重新焕发青春，变得生机勃勃，更具新引力。《超级画板》就是让平面几何动态化，使几何学变得丰富多彩的秘密武器。

超级画板的使用可以推动中学数学教学手段的改革，因为它为数形动态结合提供了很好的平台，在具体的操作过程中揭示出隐藏在数学现象背后的数学本质。在使用超级画板时，不能对点、线、圆等基本元素进行简单的堆砌，要考虑好对象间的关系，并注意随着图形的变化，测量数据的相应改变。

运用信息技术作图的能力是中学数学教师信息化教学能力的组成部分，下文将介绍一些中学数学教学常用的平面几何实例，从中了解如何作动态几何图、控制动态几何图形的按钮的使用方法。

（1）动态几何暗藏玄机

要求，画出过同一点的三个圆。完成后，对照自制图形与给定图形是否相似？都有三个圆，六个点。

用鼠标拖动几个点，三个圆是否还能共点？结果如图 2 - 19 所示：

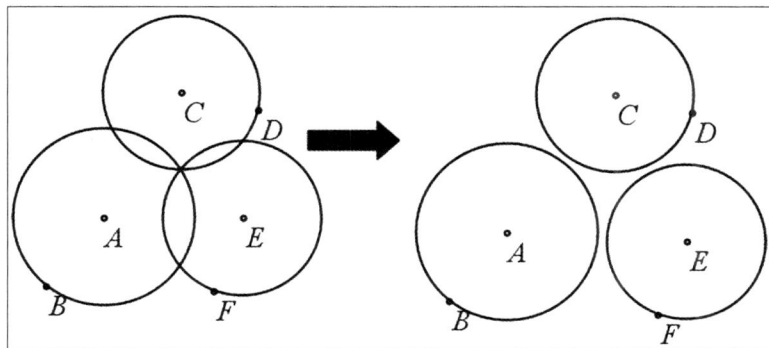

图 2 - 19　过同一点的三个圆

图 2-20 是受传统板书画图影响的初学者的制图步骤，"画共点三圆"思路不对。

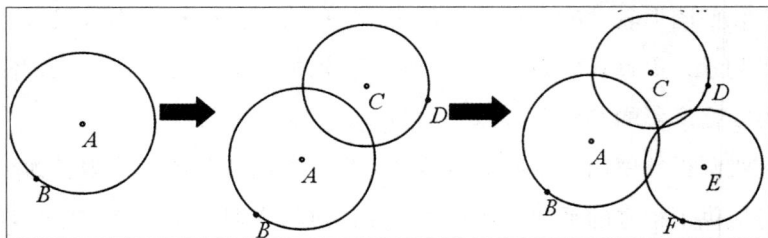

图 2-20　画共点三圆的步骤

其实，"画共点三圆"的要领是保持原有的几何关系不变，无论怎样拖动图形，都要保持所有给定的几何关系不变。

我们都知道，圆是由两个点来决定的，选定圆心后，双击后松开鼠标的点即为圆上任意一点，此点与圆心连接即圆的半径，其中任意一点发生变化，圆的半径就会发生变化，圆的大小随之发生改变。

这一操作体现的几何关系是：圆是由两个完全自由的点来决定的。基于此种几何关系，圆可以随意地改变。基本步骤如表 2-1 所示。

表 2-1　画共点三圆的步骤

步骤	过程	结果
1	选择智能画笔	（无）
2	画第一个圆：圆心为 A，圆上一点为 B。	

步骤	过　程	结果
3	画第二个圆：在任意一点处双击鼠标键确定圆心 C，拖动鼠标移向 B，对准点 B，并在 B 点处松开鼠标，即圆上的点为 B。	
4	画第三个圆：在任意一点处双击鼠标键确定圆心 D，拖动鼠标移向 B，对准点 B，并在 B 点处松开鼠标，即圆上的点为 B。	

　　按照这个步骤做完图，拖动其中的任意一个圆，都会经过点 B，这是因为在作图的过程中都要将圆心对准点 B，点 B 是三个圆的公共点。这就是动态中所要保持的几何关系。

　　几何关系在数学中对应的是逻辑关系。用《超级画板》作几何图形，离不开图形背后的数学原理。以"作一条线段"为例，用智能画笔拖动即可作线段 AB，视觉效果是：先作点 A，再作线段 AB，最后作点 B；事实上，两点确定一条线段，只有先将 A、B 两点确定下来，才能确定线段 AB，正常顺序是：先作点 A，再作点 B，最后作线段 AB。

　　再以作线段的三等分点为例。

　　先作出线段 AB，然后用函数"DivisionPoint（5，6，1/2，）;"作出三等分点 C，另外一个三等分点 D 的确定有两种方法（图 2 -21）；

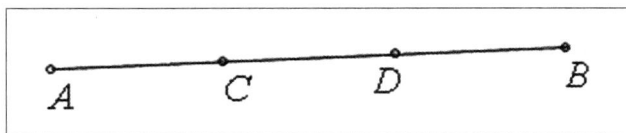

图 2 -21　线段的三等分图

　　方法 1：继续用"DivisionPoint"函数命令作 AB 的三等分点，逻辑关系如图 2 - 22 所示。

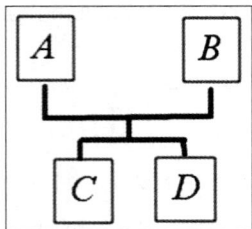

图 2 -22　AB 三等分点逻辑 1 图

　　方法 2：选中 A、C，在菜单中找到"选择平移向量"；然后选中点 C，在菜单中选择"平移几何对象"得到点 D，逻辑关系如图 2 -23 所示。

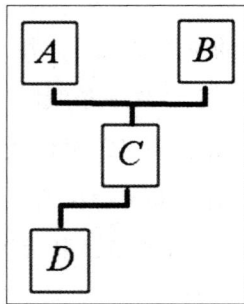

图 2 -23　AB 三等分点逻辑 2 图

　　用两种方法作图结果一样，但其内部逻辑关系大不相同。这又一次提醒我们：动态几何作图一定要注意逻辑关系，而且不要随便删除对象。对于不需要显示的部分，可采取隐藏措施；确定不影响其他，才作删除处理。

　　方法 1 中对象关系只有两级，当拖动自由点 A（或 B）时，其他的非自由点能够更快地接收到信息。

作等分点的小技巧：先在线段上任意作两个点，然后将参数改为 1/3、2/3，即可得到两个三等分点。注意要删除可拖动参数 u000、u001。

（2）动点定值眼见为实

很多人通过看逻辑学方面的书来培养自己的逻辑思维能力，实际上几何证明才是最好的培养逻辑思维能力的方法。学习几何在锻炼学生逻辑思维的同时，还能够培养学生的直观能力。数学家庞加莱指出，数学家有两种类型：一种是偏于直观的数学家，另一种是偏于逻辑的数学家。几何学家属于第一种数学家，分析学家、代数学家则属于第二种数学家。一个成功的数学家必须兼具逻辑和直观，二者缺一不可。学习数学，要先对数学学科有一个整体认识，再结合踏踏实实的一步步推理，才能达到完美的境界。几何恰恰是逻辑和直观的完美结合。

几何直观的培养要通过日常学习积累而成。勾股定理的证明是培养几何直观能力的典型例子。勾股定理是将图形平移、旋转后，再用对称等直观的数学表述整理出来的，这种变换的手法既完成了证明，又培养了学生的直观能力。

超级画板具有强大的测量功能。测量命令在【测量】菜单下，常用的有线段长度的测量、角度的测量、多边形面积的测量。

菜单操作与文本命令操作有所不同。菜单操作常常需要先选定一些先决条件才能进行。比如要测量线段，首先得选择该线段，否则计算机无法执行命令。

选择线段的方式有两种，一种是选中两端点，另一种则是选中线段本身。

测量角度是根据三个点确定一个角的原理，所以选中时要确保角的顶点要放中间。对角度的测量值作运算时要注意弧度和角度的切换，具体操作是"测量结果表示为弧度"的勾选与否。

测量多边形面积也有两种方式，一种是依次选中多边形顶点测量面积，另一种则是先构造出多边形再测量面积。构造多边形的操作是依次选中多边形各个顶点，在右键菜单中选择"多边形"。

下面给出一些几何实例。

例1 等腰三角形与定值问题

如图2-24，在△ABC中，AB = AC，在BC边上选取一点D，并作DE⊥AB，DF⊥AC。然后测量DE和DF两条线段的长度，计算两者之和与两者之差；拖动点D，寻找其中规律。此问题称为维维亚尼定理。

对于这种动点问题，随着点的拖动，一个测量值增大，一个测量值减少，我们可以猜测两者之和为定值。而如果两测量值同增减，那么我们可以猜测两者之差为定值。

在等边△ABC内部作一点D，然后过点D作线段DE和线段AC，使得DE⊥AC，同时过点D作线段DF⊥AB，作DG⊥AC。分别测量DE、DF和DG三条线段的长，将他们作和DE + DF + DG，并在△ABC内部拖动点D，寻找其中规律。

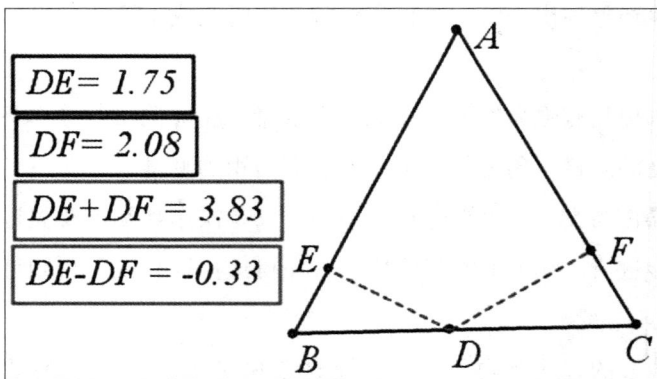

DE= 1.75
DF= 2.08
DE+DF = 3.83
DE-DF = -0.33

图2-24 维维亚尼定理图

如图2-25，在△ABC中，AB = AC，在BC边上选取一点D，过点D作BC边上的垂线，此垂线与另外两边（或延长线）分别交于E、F两点，求证DE + DF为一定值。当点D在BC的延长线线时，求证|DF - DE|为一定值。

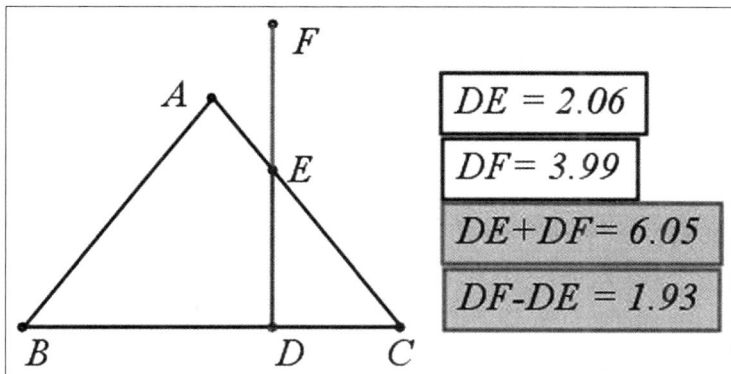

图 2 –25　DE + DF 定值图

容易知道，当点 D 与点 B 或点 C 重合时，或位于线段 BC 中点时，$DE + DF$ 为一定值，即为 BC 边上高的两倍。如此一来就给本题的证明提供了方向，同时也使我们受到启发，需要作出 BC 边上的高 AG。$DE + DF = AG\dfrac{CD}{CG} + AG\dfrac{BD}{BG} = 2AG$。当点 D 在 BC 边的延长线上时，同理可证得相应结论。

例 2　圆幂定理

以任意长 R 为半径作一个圆，设点 A 为该圆的圆心，B 为圆上的一点，显然 AB 就是圆的半径。在该圆上任取四点 C、D、E、F，分别连接 CD，EF，它们在圆内相交于一点 G，或在圆外相交于一点 G，此两种情况，如图 2 – 26 和图 2 – 27 所示。然后分别测量 EG、GF、CG、GD 四条线段的长，并计算 $EG \times GF$ 与 $CG \times GD$。同时拖动 C、D、E 和 F 四点，寻找其中规律，特别是当 C 和 D 两点或 E 和 F 两点比较靠近时，找出其中蕴含的规律。

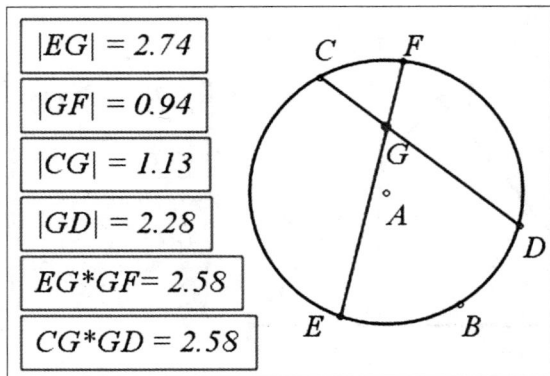

图 2 −26 圆幂定理情形 1

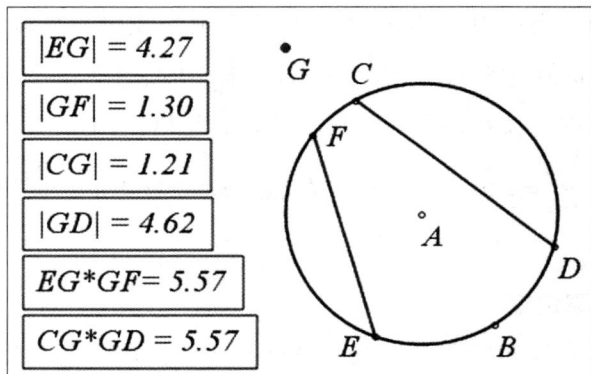

图 2 −27 圆幂定理情形 2

圆幂定理的推广：如图 2 −28，在以点 O 为圆心的两个同心圆中，在大圆上有任意两点 A 和 B，现过此两点 A 和 B 分别作小圆的割线 AMN 和 BPQ，求证：$AM \times AN = BP \times BQ$。

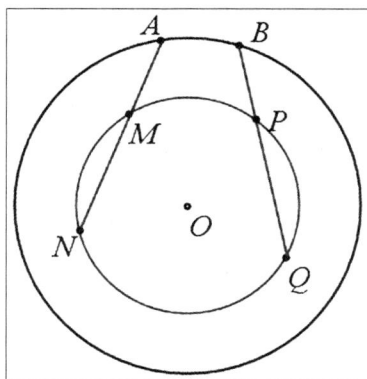

图 2-28　圆幂定理推广图

例 3　中位线问题

如图 2-29，作 $\triangle ABC$，点 D 和点 E 分别是边 AB 和边 AC 的中点，连接两中点得到中位线 DE，测量得到 DE 和 BC 的长，计算 $\dfrac{BC}{DE}$ 的值，测量 $\angle ADE$ 和 $\angle ABC$ 的度数，以此验证 $DE \parallel BC$ 且 $DE = \dfrac{1}{2}BC$。

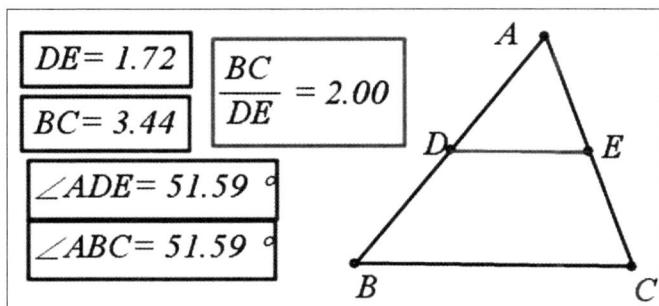

图 2-29　中位线问题 1

如图 2-30，作四边形 $ABCD$，点 E、F、G、H、I、J 分别是 AB、BC、CD、DA、AC、BD 的中点，验证四边形 $EFGH$ 和四边形 $EJGI$ 都是平行四边形。

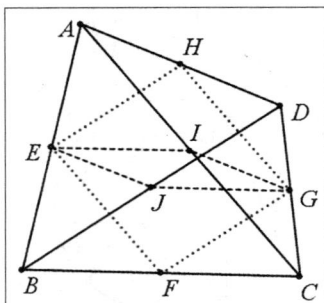

图 2 −30　中位线问题 2

如图 2−31，作五边形 $ABCDE$，点 F、点 G、点 H、点 I、点 J、点 K 分别是 AB、BC、CD、DE、FH、GI 的中点，验证 $JK /\!/ AE$ 且 $JK = \frac{1}{4}AE$。

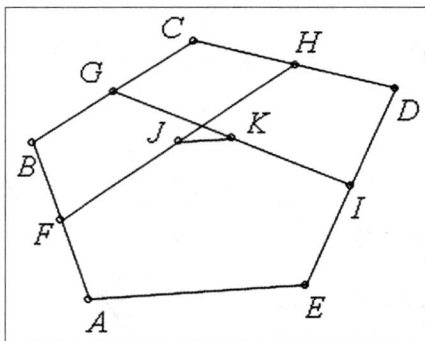

图 2 −31　中位线问题 3

例 4　共点共线与共边定理

如图 2−32，在 ΔABC 内部任作一点 G，连接 AG、BG、CG 并延长，分别交边 BC、边 CA、边 AB 于点 D、E、F，验证 $\frac{GD}{AD} + \frac{GE}{BE} + \frac{GF}{CF} = 1$ 和 $\frac{AF}{FB} \times \frac{BD}{DC} \times \frac{CE}{EA} = 1$。

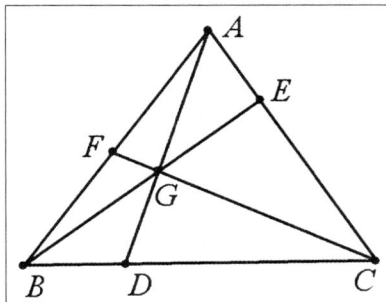

图 2 -32　共点共线问题

经过分析，要证明这两个结论一般需要添加辅助线，而采用面积法则不需要，且证明过程更简单。下面介绍面积法中的一个基本定理—共边定理。

共边定理：若线段 AB 和线段 PQ 相交于一点 M，如图 2 – 33 所示，一共有四种情形，则有 $\dfrac{S_{\triangle PAB}}{S_{\triangle QAB}} = \dfrac{PM}{QM}$。

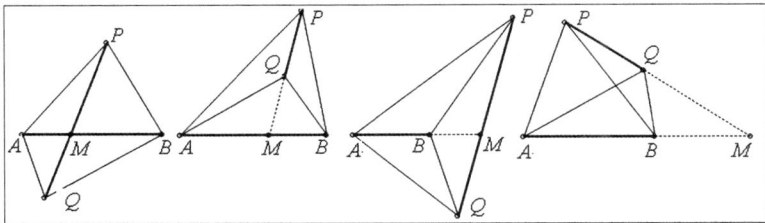

图 2 -33　共边定理图

证明　在 AB 上选取一点 N，使得 $MN = AB$，则 $\triangle PMN$ 与 $\triangle QMN$ 共高，即有 $\dfrac{S_{\triangle PAB}}{S_{\triangle QAB}} = \dfrac{S_{\triangle PMN}}{S_{\triangle QMN}} = \dfrac{PM}{QM}$。

在 $\triangle ABP$ 的 AB 边上任取一点 M，则有 $\dfrac{S_{\triangle APM}}{S_{\triangle BPM}} = \dfrac{AM}{BM}$，这个结论是《几何原本》中的一条命题，欧几里得将它作为一个有用的工具。如果将

点 M 分裂成 M 和 Q 两点，保持 M 仍在 AB 上，Q 在直线 PM 上，便得到 $\dfrac{S_{\Delta APQ}}{S_{\Delta BPQ}} = \dfrac{AM}{BM}$，根据对称性可得 $\dfrac{S_{\triangle PAB}}{S_{\triangle QAB}} = \dfrac{PM}{QM}$。也就是说共边定理可看作 "等底等高的三角形面积相等" 这一性质的推论，用途很广泛，是几何机器证明消点法的主要基本工具，所有的只涉及关联性质的几何定理，都可以用共边定理来判定。如下题：

如图 2 – 34，点 F 为 ΔABC 中位线 DE 上一点，连接 BF 并延长交边 AC 于点 G，连接 CF 并延长交边 AB 于点 H。求证 $\dfrac{AG}{GC} + \dfrac{AH}{HB} = 1$。证明：

$$\frac{AG}{GC} + \frac{AH}{HB} = \frac{S_{\triangle ABF}}{S_{\triangle CBF}} + \frac{S_{\triangle ACF}}{S_{\triangle BCF}} = \frac{S_{\triangle ABE}}{S_{\triangle CBE}} = 1 。$$

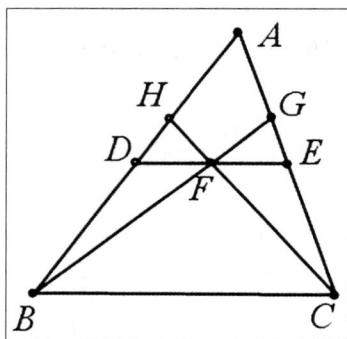

图 2 –34 共边定理问题图

例5 井田问题及面积比问题

如图 2 –35，任作一个四边形 $ABCD$，点 E、F、G、H、I、J、K、L 分别是边 BC、CD、DA、AB 上的三等分点。计算 $\dfrac{S_{ABCD}}{S_{MNPQ}}$ 的值，观察值的变化，看看能有什么发现?

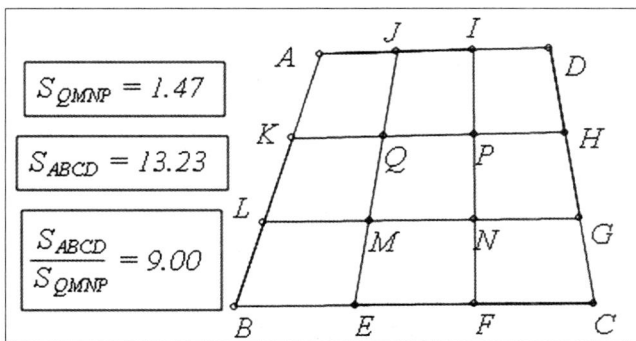

图 2 –35　三等分点面积比问题

此问题的推广：①将三等分点改为四等分点，则中间四个小四边形面积之和与整个四边形面积有何关系？六等分点呢？②将三等分点改为五等分点，如图 2 –36 所示，则小四边形 $XUWV$ 的面积与大四边形 $ABCD$ 的面积有何关系？中间四个小四边形面积之和与整个四边形面积有何关系？七等分点呢？③若对边 AB 和边 CD 进行 m 等分，对边 BC 和边 DA 进行 n 等分，再观察结论有什么变化？

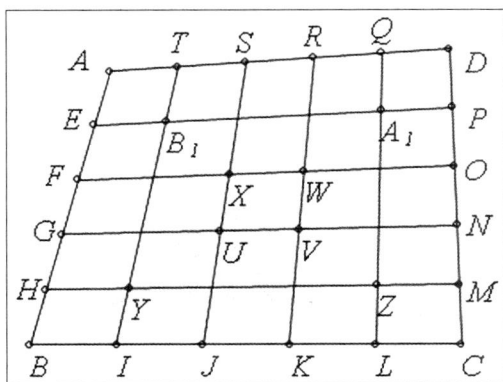

图 2 –36　五等分点面积比问题

探讨面积比的相关问题不胜枚举，解决这类问题一般只能智取，不能强攻。现提供如下几道具体问题供大家探究和思考。

如图 2 - 37，将正方形各个顶点和其对边的中点连接，四条线段相交形成一个小正方形；再以同法作一个更小的正方形（阴影部分），如果阴影部分面积为 1，求大正方形面积。

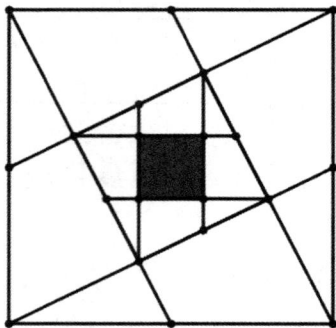

图 2 -37　正方形面积比问题

如图 2 - 38，在 $\triangle ABC$ 中，$2BD = DC$，$2CE = EA$，$2AF = FB$，连接 AD、BE、CF，得到 $\triangle IQR$，计算 $\dfrac{S_{ABC}}{S_{IQR}}$。

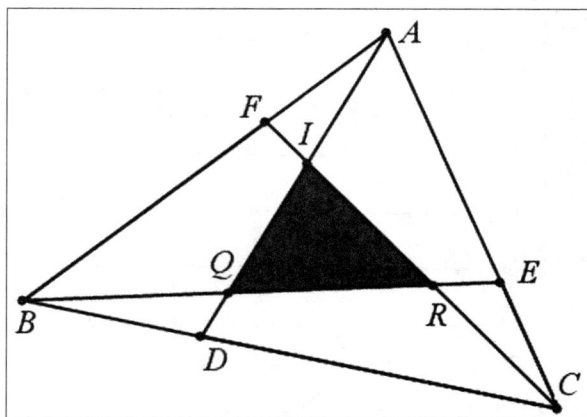

图 2 -38　三角形面积比问题

如图 2 - 39，连接六边形 *ABCDEF* 的各条对角线的中点得到一个新的六边形 *GHIJKL*，计算 $\dfrac{S_{ABCDEF}}{S_{GHIJKL}}$。

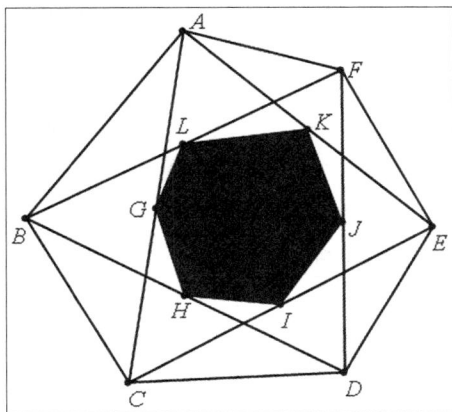

图 2 - 39　六边形面积比问题

如图 2 - 40，平行四边形的每一个顶点都用直线与两条对边的中点相连。这些直线所围图形的面积是平行四边形的几分之几？

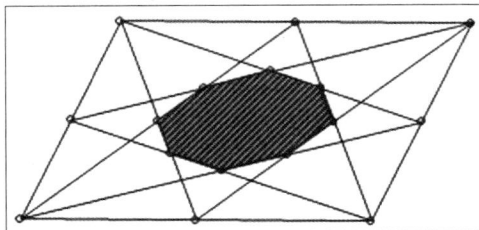

图 2 - 40　平行四边形面积比问题

下面给出一些平面几何经典实例。

如图 2 - 41，任意绘制圆 *A* 和圆 *C* 两个圆，使他们处于外离位置，然后分别作出此两外离圆的 4 条公切线和 4 个切点，以及内外公切线的 4 个交点；提示：内公切线与两圆的 4 个交点共圆；寻找更多的四点共圆，以及这些圆之间有何关系?

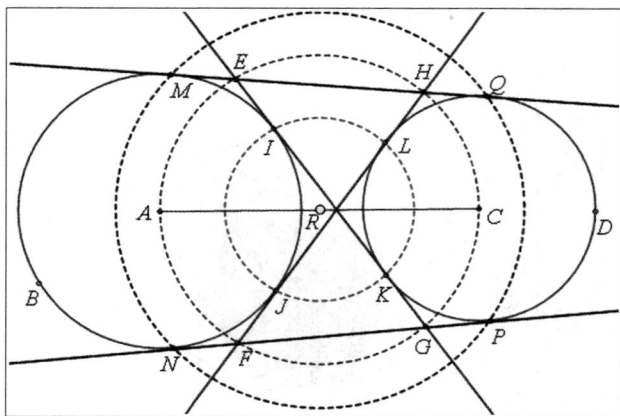

图 2-41 四点共圆

如图 2-42,分别从圆 A 与圆 C 这两个相离的圆的圆心向另一圆作切线,则 $EF = GH$。此结论称为眼球定理。

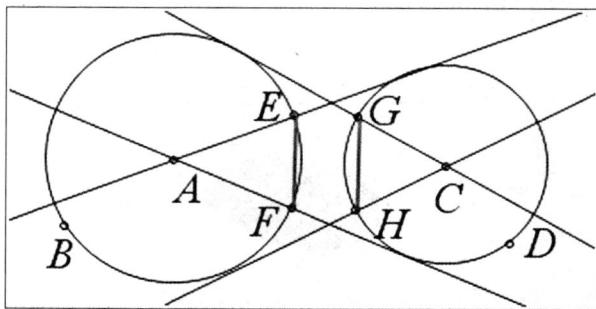

图 2-42 眼球定理

据说大科学家牛顿曾思考过这样一个问题:现在手头有 9 棵树,要将其一共栽成 10 行,每行 3 棵,应该如何设计?如图 2-43 所示。请思考这份答案是否正确?其实此题可以用《超级画板》来验证,验证此题,只需验证 I、G、F 三点是否始终共线。此问题的实质即为帕普斯定理。

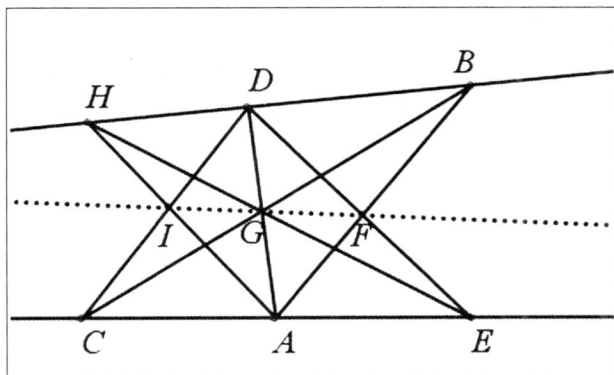

图2-43 植树问题

植树问题的扩展：假若现有 20 棵树，栽种时每行 4 棵，问至多能栽成几行？有人将此问题设计成了一个五角星的形状，得到的结论是能够栽成 20 行。另外还有人将此问题设计成如图 2-44 所示的形状，得到的结论是能够栽成 23 行，试问还能栽出更多行来吗？

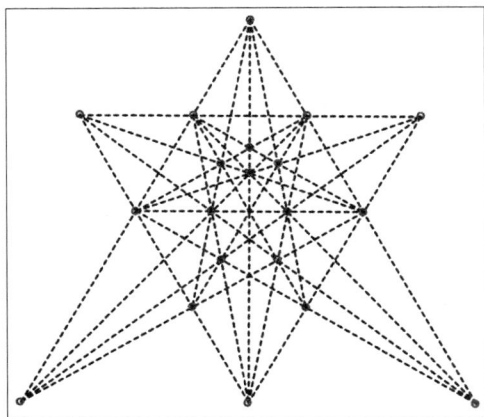

图2-44 植树问题推广

如图 2-45，任作一个四边形 $ABCD$，设边 AD 的延长线与边 BC 的延长线交于一点 E，边 BA 的延长线与边 CD 的延长线交于一点 F，点 G、

H、I 分别是 BD、AC、EF 的中点，则 G、H、I 三点共线。由任意四点及连接它们的六条直线确定的图形称为完全四边形，完全四边形三条对角线的中点共线，此线被称为高斯线。

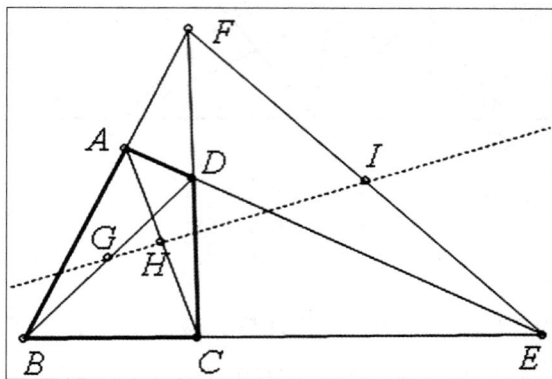

图 2-45　高斯线

如图 2-46，现有 $\triangle ABC$ 和 $\triangle DEF$，连接它们的对应顶点的三条直线相交于一点 O，如果对应边或其延长线相交，则这三个交点共线。此结论被称为笛沙格定理。

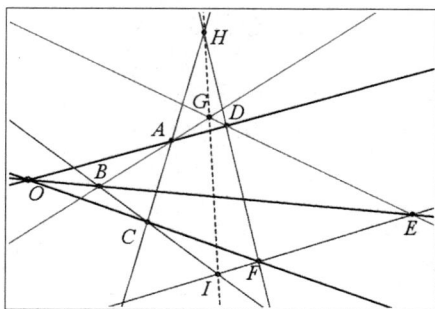

图 2-46　笛沙格定理

如图 2-47，任意 $\triangle ABC$ 每两个内角相邻的三等分角线的交点构成正 $\triangle DEF$。此结论被称为莫莱定理。

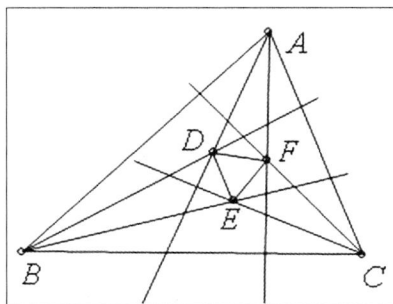

图 2 –47　莫莱定理

如图 2 –48，分别作 $\triangle ABC$ 三条边上的 6 个三等分点，6 条三等分线产生 6 个交点；这 6 个点三三组合具有如下性质。$S_{\triangle ABC} = 10S_{KLMNPJ} = 16S_{\triangle JLN} = 25S_{\triangle KMP} = 48S_{\triangle LJO} = 50S_{\triangle MKL} = 60S_{\triangle OKL} = 75S_{\triangle KMO} = 80S_{\triangle JKL}$。另外，此图中还隐藏着共点共线问题、线段比例问题，此处不作研究。

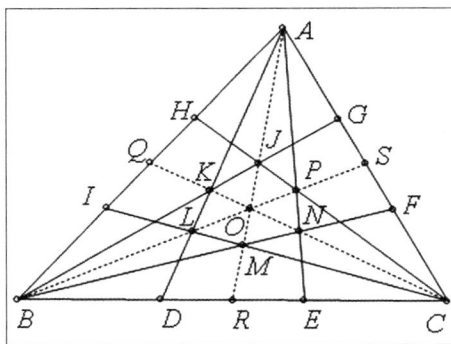

图 2 –48　三等分边图

现在给出一个与五角星有关的几何问题，大家可以尝试将其推广到七角星、九角星的情形。

如图 2 –49，在五角星 $ABCDE$ 中，各边相交产生五边形 $FGHIJ$，连接 AI、BJ、CF、DG、EH，得到 5 个交点 A'、B'、C'、D'、E'，求证：

$$\frac{AB'}{B'C} \times \frac{CD'}{D'E} \times \frac{EA'}{A'B} \times \frac{BC'}{C'D} \times \frac{DE'}{E'A} = 1。$$

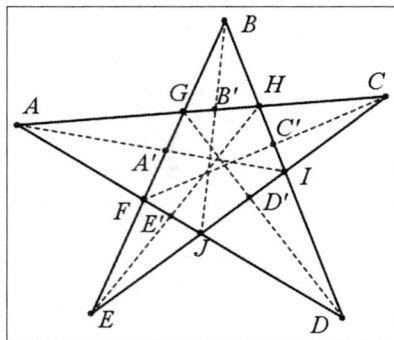

图 2-49 五角星问题

图 2-50 所示的是正五角星与黄金分割。

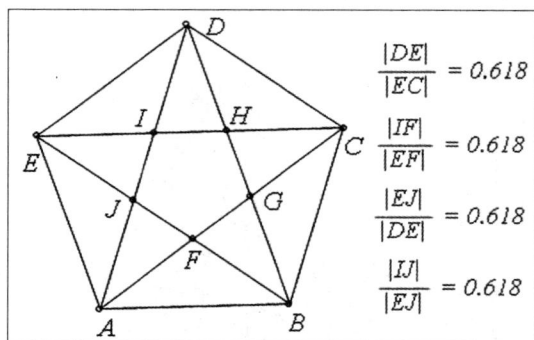

图 2-50 黄金分割

超级画板的使用为中学数学教学提供了一个无限发展的空间，它是数学教学的虚拟实验室，在这个虚拟实验室里，教师和学生通过无限遐想，不断进行学习探索，充分发挥想象力，利用直观思维，解决数学问题，发现数学规律，探索数学奥秘，印证数学猜想，最后揭示出数学的本质。

几何学作为最古老的数学分支之一，相传起源于尼罗河时代的土地测量。这也导致了近些年来测量之风的盛行。在中学数学教学中，在"测量有利于培养学生的动手能力"观点的影响下，中学数学教学中到处是测量，有的教师用三角板、量角器等原始工具进行测量，有的教师用动态几何软件进行测量，测量确实有利于学生协作精神的形成。从初中的三角形内角和定理、中位线定理到高中的正、余弦定理，都是可以用测量来教学的案例。大多数教师在自己讲授测量方法的同时，还鼓励学生自己动手进行测量。

尽管测量在几何学中发挥了重要作用，但不能过度强调测量，要适可而止。以正弦定理为例，让学生通过测量发现 $\dfrac{a}{\sin A}$、$\dfrac{b}{\sin B}$、$\dfrac{c}{\sin C}$ 之间的关系，是失败的教学方法，不能达到真正的教学目的。

勾股定理是一个集测量角度、线段、面积以及作多边形、测量表达式多种功能为一体的综合性案例。

如图 2 - 51，隐藏坐标系，作直角 $\triangle ABC$，其中 $AB \perp BC$。测量 AB、BC、CA 的长度，测量 $\angle ABC$ 的大小；计算 $AB^2 + BC^2$ 和 AC^2。分别作四边形 $BADE$、$ACFG$、$CBHI$，分别对其填充颜色，并测出每一个正方形的面积，最后将两个小正方形面积相加。

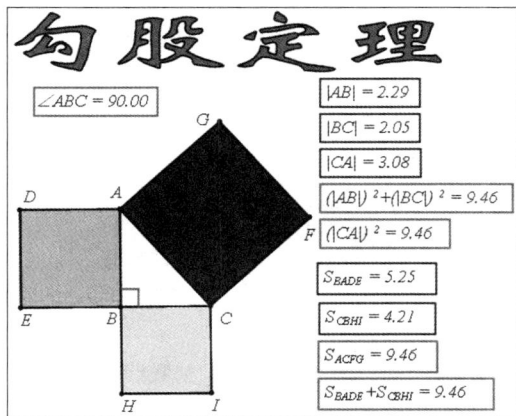

图 2 -51　勾股定理

（3）图案组合美不胜收

超级画板可以作出各种各样漂亮的图案。如绘制数字、分割圆内接正六边形等。

例 6　绘制数字

①在对象工作区中，右键单击【［0］直角坐标系 O－xy】，弹出【对象的属性】对话框后，勾选"画坐标网格"，点击确定（图 2－52）。将屏幕右边的【对象属性工作区】拉宽一点，在最下面的"其他"一栏里，点击"自由点为网格"右边的小三角，弹出下拉菜单后，选择"是"，此时下方还会出现提示（图 2－53）。

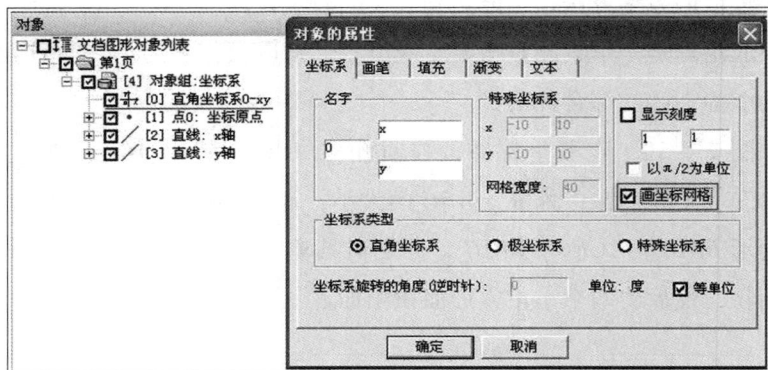

图 2－52　画坐标网格属性图

图 2－53　其它属性对话框

②此时在屏幕上画点，所画的点都在网格上；仿照图 2－54，先画点再连线；注意不要边画点边连线，这样可能会导致网格点与智能画笔相冲

突，作出的点不是网格点，而是线上的点。

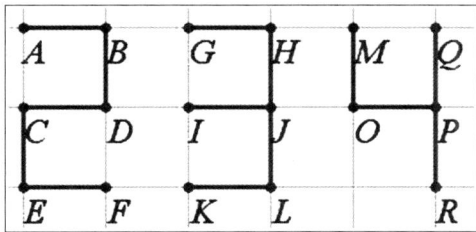

图 2 - 54　坐标网格点图

③在【编辑】菜单中，去掉"全部点的名字"前面的勾选；在【编辑】菜单中，点击【选择对象】；在其子菜单中，点击【选择全部的直线、线段、向量或射线】；改变所选线段的颜色、线宽等，可得图 2 - 55。

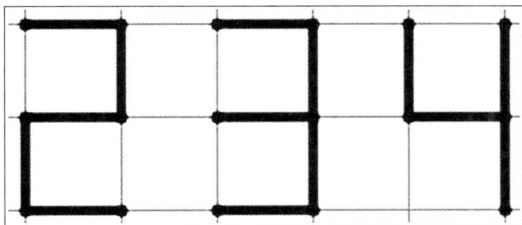

图 2 - 55　直线、线段、向量图

如果要修改网格的颜色，可修改【[0] 直角坐标系】的属性，在填充选项卡下，将纯色画刷下的填充颜色改为实际需要的颜色。

例 7　绘制圆弧图案

①显示网格，设置自由点为网格点之后，容易作出图 2 - 56；依次选中圆，点 B 和点 D（选择圆上两点时，要按逆时针方向），在【作图】菜单中点击【圆和圆弧】，在其子菜单下点击【已知圆上的圆弧】；隐藏所作圆（图 2 - 57）；作出的圆弧是和圆重合在一起的，但从对象区可以看到圆弧已经作出。

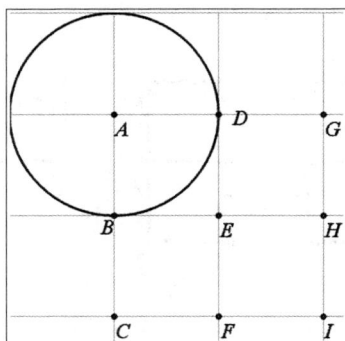

图 2 −56　圆

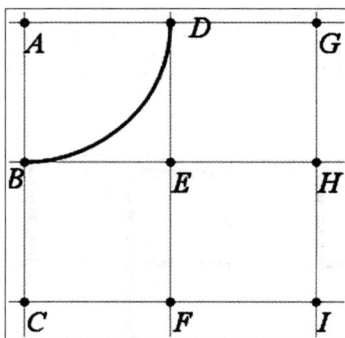

图 2 −57　圆弧 1

　　②如图 2 −58 所示，作出其他三条圆弧；以点 E 为圆心，EF 为半径作圆；选中该圆，点击【对象】菜单中的【移动对象到最后面】；因为后作对象会遮挡先前对象，为达到图 2 −59 的效果，所以需要将圆移到后面，以免填充后遮挡圆弧。

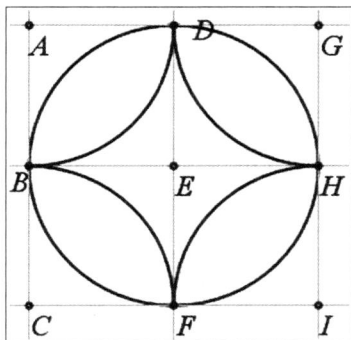

图 2 -58　圆弧 2

③如图 2 -59，分别对四条圆弧和圆进行修饰；对圆弧的填充和其他对象一样，也是先选择填充选项卡然后用油漆桶填充。

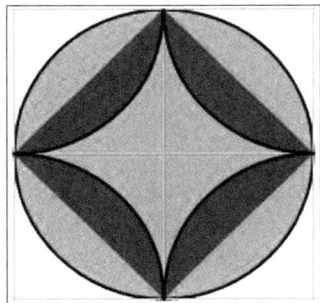

图 2 -59　圆弧 3

例 8　分割圆内接正六边形

①如图 2 -60，作出 7 个圆，得到圆内接正六边形的 6 个顶点，并隐藏外面 6 个圆。

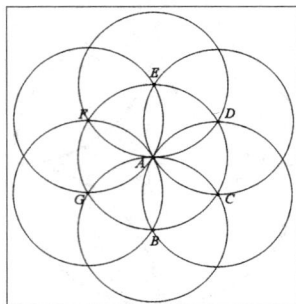

图 2 -60　圆内接正六边形分割 1

②如图 2 -61，对正六边形进行分割，作出 H、I、J 三个交点。

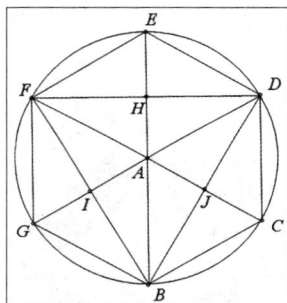

图 2 -61　圆内接正六边形分割 2

③如图 2 -62，填充分割后的多边形，形成对称互补的图形。

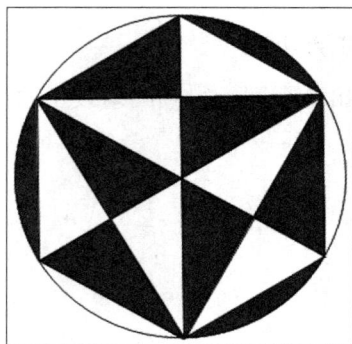

图 2 -62　圆内接正六边形分割 3

正六边形有一定的特殊性，使用函数命令 VertexOfCircle（Circle，A，n，k［，Text］），函数的作用是以点 A 作为起始点，按逆时针方向，作圆 Circle 的内接正 n 边形的第 k 个顶点（顶点的第一个编号是 0）。其中第一个参数填写圆的编号，第二个参数填写圆上点的编号，第三个参数填写圆内接正多边形的边数，为大于或等于 3 的整数，第四个参数 k 表示圆内接正 n 边形的第 k 个顶点，其中 0＜k＜n。显然这个函数是不能直接作出多边形的，只能分步作出多边形的各个顶点。

圆外切正多边形则使用函数：VertexOfCircle（Circle，A，n，k［，Text］），它的作用是以点 A 作为第一条边的切点，按逆时针方向，作圆 Circle 的外切正 n 边形的第 k 个顶点（顶点的第一个编号是 0）。用得最多还是正多边形的顶点：VertexOfPolygon（A，B，n，k［，Text］）。此函数作出以 AB 为边的正 n 边形的第 k 个顶点；这里 A、B 分别为第 0 个和第 1 个点。显然第 k 个顶点 P 的位置有两个，即 ABP 逆时针或 ABP 顺时针。系统缺省的方向是逆时针方向，通过修改点的属性可以改变此旋转方向。

例 9　绘制平移图案

①显示网格，设置自由点为网格点；如图 2 - 63 所示，作好 8 个点，依次选择 A，C，F，G，H，E，D，B 等 8 个点作多边形。

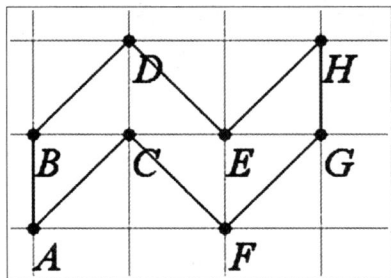

图 2 - 63　多边形 1

②依次选中点 A 和点 B，点击【变换】菜单中的【选定平移向量】；

选中点 B 和多边形，点击"变换"菜单中的"平移几何对象"，得到图2 -64。

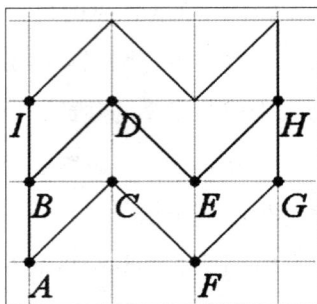

图2 -64　多边形2

③依次选中点 B 和点 G，点击【变换】菜单中的"目前正在使用的平移向量为 AB"；先将两个多边形填充不同的颜色，然后选中，点击【变换】菜单中的"平移几何对象"；再次点击"平移几何对象"得到图2 -65。

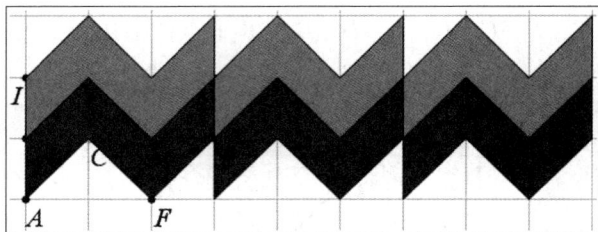

图2 -65　多边形3

④依次选中点 A 和点 I，点击【变换】菜单中的"目前正在使用的平移向量为 BG"；选中所有多边形，两次点击【变换】菜单中的"平移几何对象"就可以得到图2 -66。

图 2 - 66 多边形 4

⑤拖动 8 个点，可以得到很多漂亮的图形，图 2 - 67 就是其中的一个。

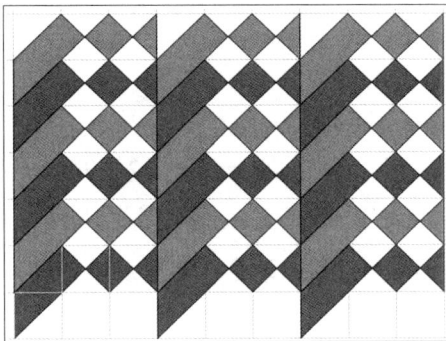

图 2 - 67 多边形 5

"文本作图"的命令同样适用于"程序区"。程序区的查找方式为："查看 | 工具栏 | 程序工作区"，"程序区"比"文本作图"功能更强大一些，"文本作图"只能执行命令，不能编程；"程序区"既执行函数命令，又能编程，还支持符号运算。具体操作时，首先找到"程序"按钮（图 2 - 68），单击打开程序工作区。在程序区输入函数命令，要注意是在英文状态下输入，以分号结束；执行方式是按着 Ctrl 键打 Enter 键，或者只按小键盘的 Enter 键亦可。

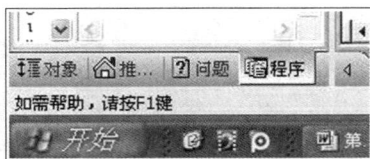

图 2-68　程序区

例 10　绘制旋转图案

①显示网格，设置自由点为网格点，容易作出图 2-69；依次选中 A、C、D、B 四点作多边形，填充为黑色。

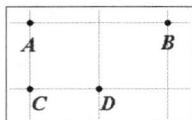

图 2-69　旋转图案 1

②在程序区输入"Rotate（9，5，pi/2）；Rotate（11，5，pi/2）；Rotate（12，5，pi/2）；"，执行命令可得图 2-70。此处的 9 表示四边形 ACDB，输入文本后占用第 10 号对象的编号，所以 9 号对象旋转得到 11 号多边形，再将 11 号旋转得到 12 号，12 号旋转得到 13 号。

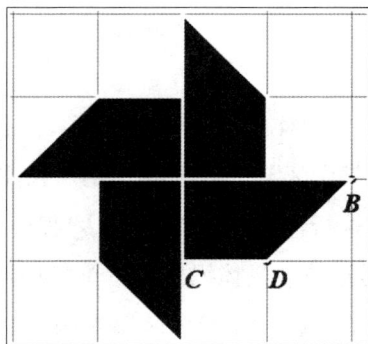

图 2-70　旋转图案 2

③拖动四个点，可得到很多漂亮的对称图案，图 2 - 71 只是其中部分截图。

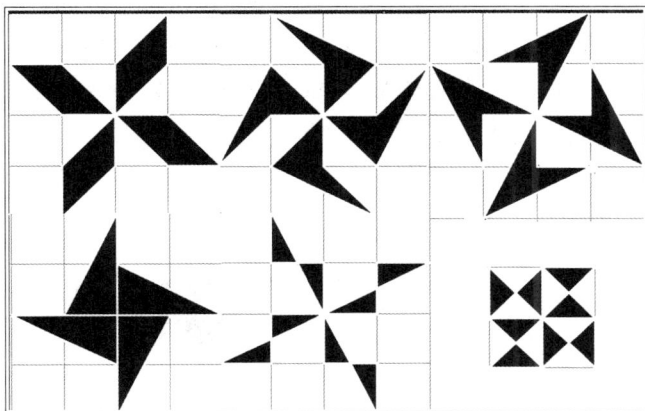

图 2 - 71　旋转图案 3

例 11　绘制放缩图案

①作正方形 *ABCD*，连接 *AC*，作 *AC* 中点 *E*。

②在程序区执行 "Rotate（5，14，pi/4）；Rotate（6，14，pi/4）；" 可得到 *F*、*G* 两点，并以 *F*、*G* 两点作出正方形 *FGHI*；作出线段的交点 *J*、*L*、*K* 三点（图 2 - 72）。

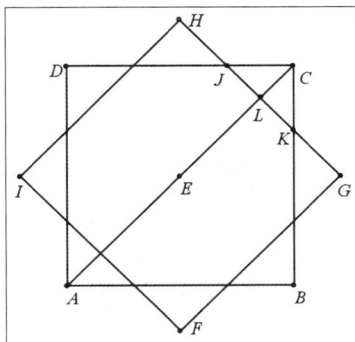

图 2 - 72　放缩图案 1

③测量 EC、EL 的长度，并计算 $\dfrac{EL}{EC}$ 的值，经计算该值约为 0.71，数据测量编号为 m002，作出多边形 CJK。

④在程序区输入下列函数命令，执行命令后生成 3 个新的多边形，将 4 个多边形填充颜色可得到图 2 −73；放缩与旋转一样，同样有三要素：放缩对象、放缩中心、放缩倍数。Dilate（30，14，m002）；Dilate（31，14，m002）；Dilate（32，14，m002）。

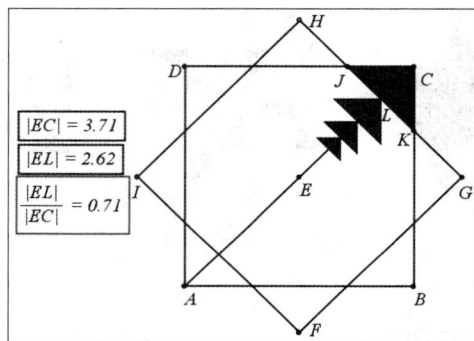

图 2 −73　放缩图案 2

⑤在程序区输入下面函数命令，执行命令后生成 4 个新的多边形；Rotate（30，14，pi/4）；Rotate（31，14，pi/4）；Rotate（32，14，pi/4）；Rotate（33，14，pi/4）。

⑥修改上述 4 条函数命令中 4 个多边形的编号，再执行 6 次可得图 2 −74；

图 2 −74　放缩图案 3

例 12　绘制对称图案

美国数学家豪斯霍德曾用一些火柴棍摆出了两个特殊的数学等式（图 2 - 75），实际上这两个式子是不成立的，但事实上经过移动最少根数的火柴棍，是可以使得这两个式子由不成立变为显然成立的。对这个问题应该如何设计呢？答案是该问题可以借助镜面反射完成。

如图 2 - 75，先绘制出两个等式，接下来在此两等式的下方作一条水平线；依次选中两个等式和水平线，点击【变换】中的"关于直线的对称图形"，即可得到图 2 - 76。（超级画板的新版本是先选择对称轴，再选择对称对象。）

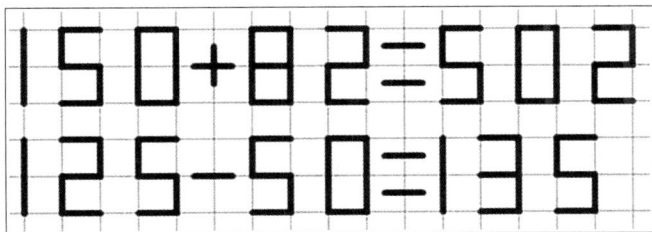

图 2 - 75　对称图案 1

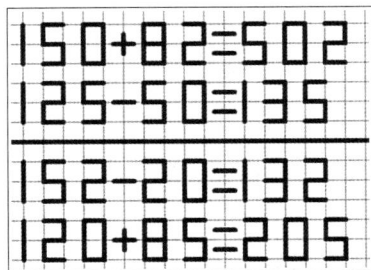

图 2 - 76　对称图案 2

例 13　集合与填充

图形画好之后，再将其内部填满颜色可以起到画龙点睛的效果，但是许多图形的边界线是曲线，因而用简单的填充很难成功。

第一步：区域的交，作用是填充多个区域的公共部分。

①先作两个圆（图2-77）。

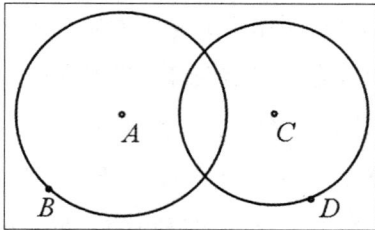

图2-77　两圆

②在程序区输入"RegionAnd（7，10，）；"，执行后得图2-78。

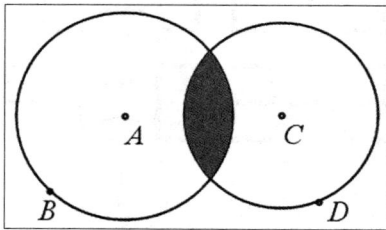

图2-78　区域的交

第二步：区域的并，作用是填充多个区域的所占有的部分。

①隐藏图2-78中的交集。

②在程序区输入"RegionOr（7，10，）；"，执行后得图2-79。

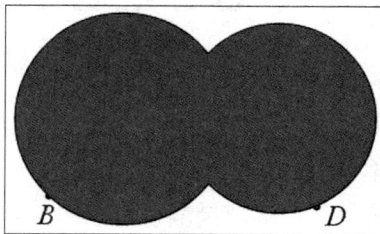

图2-79　区域的并

第三步：区域的差，作用是填充被第一个区域包含而不被其他区域包含的部分。

①隐藏图 2 - 79 中的并集。

②在程序区输入"RegionDiff（7，10，）;"，执行后得图 2 - 80。

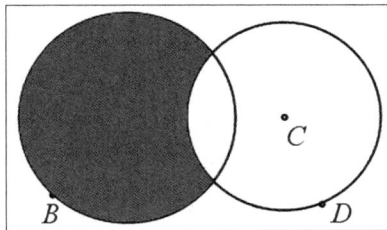

图 2 - 80　区域的差

第四步：区域的与或，填充的范围是：多个区域的总和减去多个区域的相交部分。

①隐藏图 2 - 80 中的差集。

②在程序区输入"RegionXor（7，10，）;"，执行后得图 2 - 81。

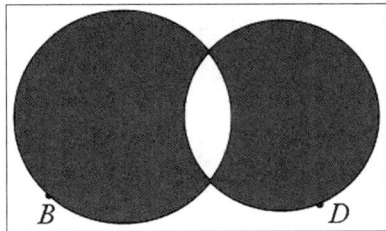

图 2 - 81　两圆的与或

在这种情况下，我们可以试着调整一下当前两个圆的摆放位置，从中不难发现集合间的相关运算也是动态的。上面提到的四个用于集合之间运算的函数除了可用于进行图案设计时填充颜色以外，还常用于在对集合进行交、并、补等相关运算的教学上。

　　注意这里边交集与并集，可以不用考虑输入参数的顺序，然而区域的差、区域的与或，就必须考虑输入参数的顺序。集合之间的运算，可以从两个的情形推广到多个的情形。而且两个集合经过运算得到的新集合，还可以与第三个集合进行相关运算。有时候由于涉及多个集合之间的相互运算，因而对其进行填充具有一定难度，这就需要我们认真思考一番才能完成。

　　题目：如图 2 - 82，将一个圆形花坛划分成红色、白色和绿色三个区域。其中，红色部分为四个圆两两相交的公共部分，也可看成是中心区，绿色部分为四个圆的外部与花坛之间的区域，也可看成是外围区。现需要我们探讨中心区和外围区两部分区域的面积关系。

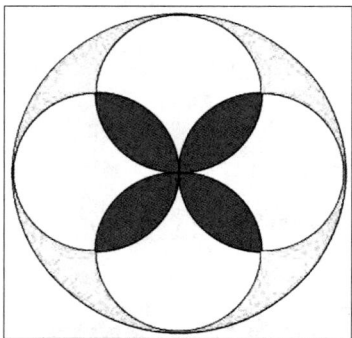

图 2 - 82　圆形花坛

　　如图 2 - 83 所示，对圆形花坛进行分割。使用超级画板作图，需要用到集合（交集、差集等）。边作图边思考，灵感随时就有可能产生，这样就会得到简便的解法。

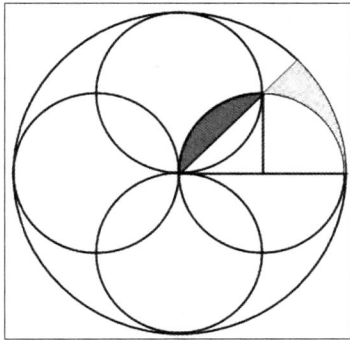

图 2 - 83　圆形花坛分割图

图中大圆半径是小圆半径的 2 倍，从而易知，大圆面积是小圆面积的 4 倍，从图中可以看出，大圆面积是 4 个小圆面积的和。重叠部分恰好可以铺满空出的部分，因此知道中心区和外围区两块区域的面积相等。

（4）课件制作初步体验

例 14　平行四边形面积分割说明

①如图 2 - 84，作平行四边形 $ABCD$，在边 AB 任意选取一点 E，过点 E 作 EF 平行于边 BC 且与边 CD 交于一点 F。作 FG 垂直于 AB，垂足为 G。过顶点 D 作 DH 垂直于 AB，垂足为 H。

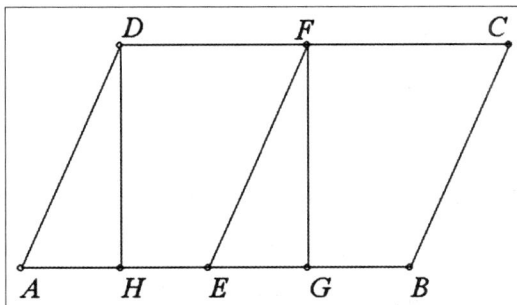

图 2 - 84　平行四边形面积分割 1

②隐藏点 A、线段 AD、AB，连接 BH，然后按顺序选取 F、E、G 三

点，组成一个△*FEG*，并将其内部填充颜色。

③作出点*E*的动画，将动画类型设置为"一次运动"，启动动画效果如图2-85所示。

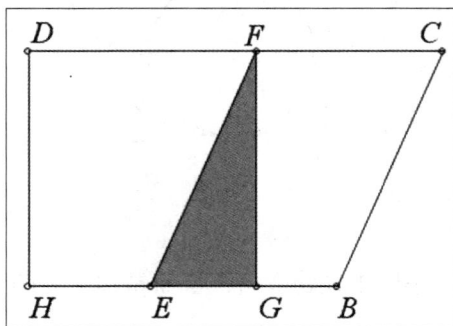

图2-85 平行四边形面积分割2

这一动画是利用线段上的点带动其他对象运动的典型案例，从图2-85可以看出，其中的点*E*完全控制着△*EFG*。这一办法看似简单，但应用广泛，凡涉及面积分割平移的一类问题基本可以使用这一办法完成。

例15 利用面积拼接阐明勾股定理

众所周知，勾股定理是几何学中一个十分重要的定理，在许多实际问题中都有着广泛应用，被誉为"几何学的基石"。著名的科学家爱因斯坦在晚年时曾回忆说，最让他记忆犹新的几何定理就是他12岁时学到的垂心定理和勾股定理。后来他利用三个星期的时间，给出了勾股定理的证明。

其实，勾股定理的证明方法多达400种。其中最早的证明是由中国古代的数学家给出的，用计算机制作动画来说明勾股定理的实例不胜枚举，其中绝大部分都是采用动态几何的平移或旋转功能来完成的。

①如图2-86，作 Rt △*ABC*，再分别以 △*ABC* 的三条边为边向外作正方形。注意作 *AB* 时，尽量使其与 *x* 轴平行，这样得到的正方形看上去更正一些。当作正方形时，假若选择初始点的先后顺序有误，那么作出的

正方形的方向则会与预期相反。修改的办法：选择正方形的第三个点，在其属性中勾选"逆时针"一项即可。

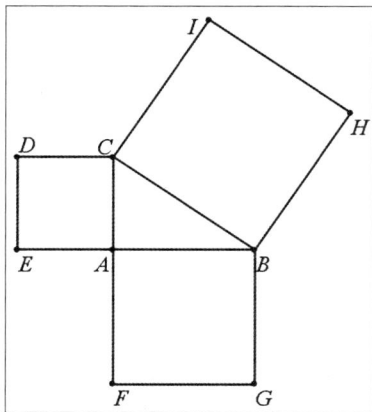

图 2 - 86　用面积剪拼说明勾股定理 1

②如图 2 - 87，以 △ABC 的一边 AB 为边向其内部作正方形 $ABKJ$，作线段 CI 与正方形 $ABKJ$ 的边 JK 交于一点 L。在边 KB 上选取一点 M。之所以要作正方形 $ABKJ$，目的是要将三个正方形靠近一点。正是作了如此处理，便使我们容易观察到正方形 $ABKJ$ 和 $CBHI$ 有公共重合部分 $CBKL$。

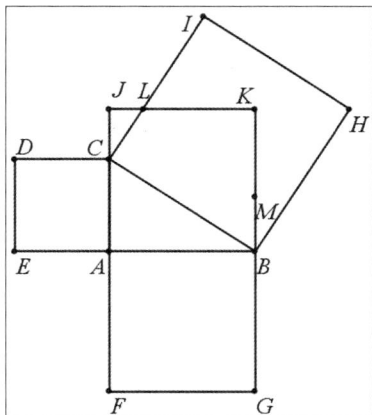

图 2 - 87　用面积剪拼说明勾股定理 2

③如图 2 - 88，先是作出多边形 $CBKL$ ，并将其内部填满颜色。标记 KM 向量，随后将多边形 $CBKL$ 进行平移。作出点 M 的动画；启动动画，新生成的多边形 $CBKL$ 便会随点 M 运动而运动。（这是仿照平行四边形面积分割平移的方法，并作动画。）

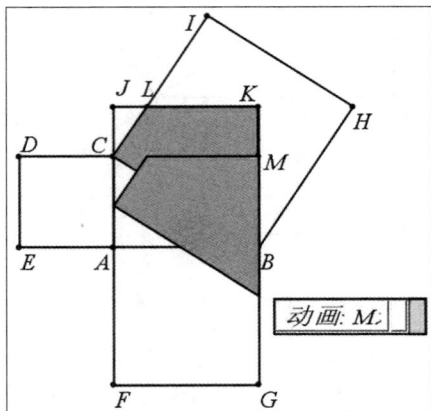

图 2 - 88　用面积剪拼说明勾股定理 3

④如图 2 - 89，观察可得正方形 $FGBA$ 下方还差一个三角形，所以作 $IN \perp JH$ ，从而可以利用 $\triangle INH$ 来填补这个空缺；然而 $\triangle INH$ 应该如何处理？延长 IC 与 EA 相交于一点 P ，从而得到一块区域为 $\triangle CPA$ 。但是刚刚出现的四边形 $EPCD$ 该如何处理呢？经过分析，容易看出应该将 $\triangle KBH$ 进行分割，其中 $BQ = CJ$ ，$BR = CL$ ，这样一来，正方形 $CBHI$ 就被分割成 5 个部分。

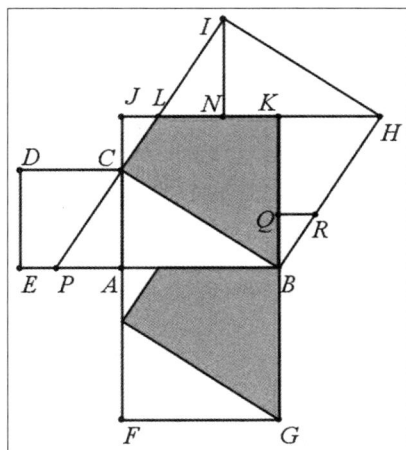

图 2 –89　用面积剪拼说明勾股定理 4

⑤参照步骤③对其余的多边形逐一进行平移，得到的课件效果图，如图 2 – 90 所示。

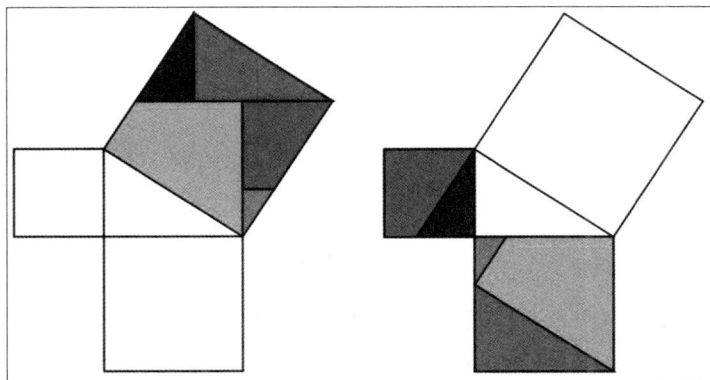

图 2 –90　用面积剪拼说明勾股定理 5

勾股定理证明中还有一种很有代表性的方法，就是赵爽弦图的面积拼割方法。作出如图 2 –91 的图形，当拖动点 F 到线段 AB 的另一侧时（图 2 –92），又能得到勾股定理的另外一种证明方法。与此同时，这个动态过程还可以用来阐明不等式 $a^2 + b^2 \geq 2ab$ 的正确性。

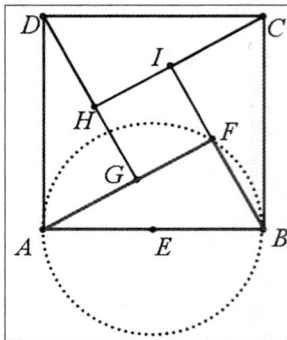

图 2 - 91　赵爽弦图 1　　　　图 2 - 92　赵爽弦图 2

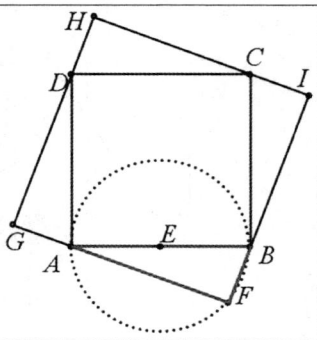

对于图 2 - 91，通常的证法是 $AB^2 = 4 * \frac{1}{2} AF * BF + (AF - BF)^2$，整理得 $AB^2 = AF^2 + BF^2$。其实此问题还可以采用另外一种方法，因为 $S_{\triangle CDG} + S_{\triangle ABG} = S_{\triangle ADG} + S_{\triangle CBG} = \frac{1}{2} S_{ABCD}$，于是有 $\frac{1}{2} CH * DG + \frac{1}{2} AG * BF$ $= \frac{1}{2} AB^2$，即 $AB^2 = AF^2 + BF^2$。这样证明的优点在于无须使用平方和公式，因而小学生很容易接受。

一些教师认为：勾股定理是初二数学学习的内容，这里的作图涉及了直径所对的圆周角是直角这样在初三数学才能接触的知识内容，是否合适？其实只要连接 EF，学生很容易就能从中发现问题实质，而欣然接受了 $\angle AFB = \angle AFE + \angle EFB = \angle FAE + \angle EBF = 90^\circ$。

其实，勾股定理的面积拼割方法有许多，比如图 2 - 93 和图 2 - 94。我们熟知的余弦定理其实是勾股定理的一个推广，这一点我们可以通过面积分割方法来很好地阐明，图 2 - 95 和图 2 - 96 就是其中的两种方法。

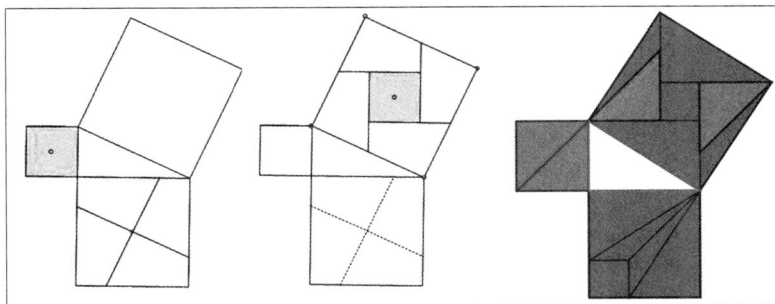

图 2 -93　勾股定理拼割方法 1　　　　图 2 -94　勾股定理拼割方法 2

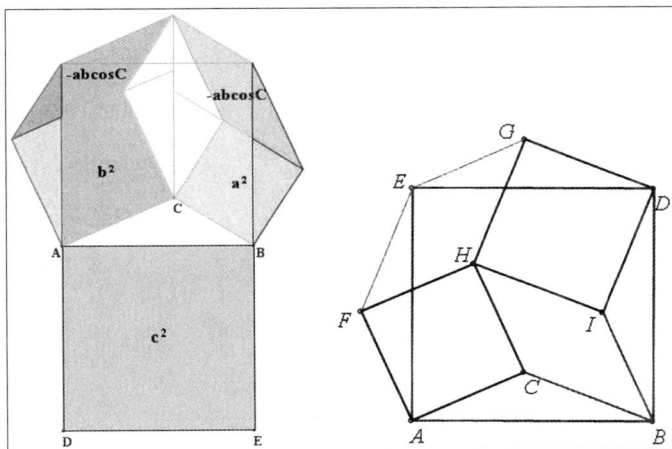

图 2 -95　余弦定理拼割方法 1　　　　图 2 -96　余弦定理拼割方法 2

　　勾股定理是几何学众多重要定理之一，许多学者都曾对其进行过比较深入的研究。当人们对其适当变化，便能得到新的知识。

　　古希腊著名的数学家欧几里得在证明勾股定理时，先是构造了如图 2 -97 所示的几何图形，随即采用全等三角形的方法证明了 $S_{EBAD} = S_{AKNI}$，即 $AB^2 = AK \times AC$，其中丝毫没有提到相似，最后还给出了射影定理。

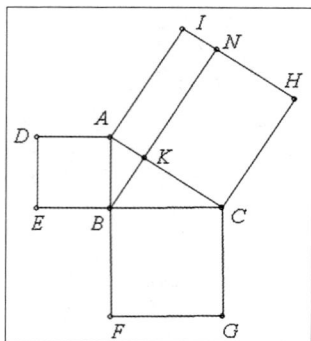

图 2 -97　欧几里得证明勾股定理图

如果证明勾股定理时，我们选取的三角形不是直角三角形，那么证明情形又会怎样呢？如图 2 -98，$\triangle ABC$ 的 3 条高线分别延长后将 3 个正方形分为 6 个小矩形，而且两两相等，$S_{BFMJ} = S_{BLPE} = ac\cos B$ ，$S_{MGCJ} = S_{CHNK} = ab\cos C$ ，$S_{KNIA} = S_{LADP} = bc\cos A$ ，于是有 $b^2 + c^2 = 2bc\cos A + ac\cos B + ab\cos C = 2bc\cos A + a^2$ ，即 $a^2 = b^2 + c^2 - 2bc\cos A$ ，因此，便得到了余弦定理。

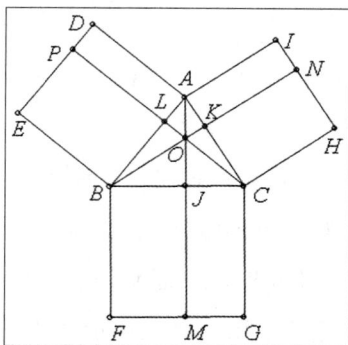

图 2 -98　余弦定理导出图

过去的教材在证明勾股定理时往往采用相似三角形的方法，而现行教材在证明勾股定理时往往使用面积法。图 2 -99 是现行教材证明勾股定理方法的展示，也可用直角梯形来证明。不选用直角，可将之用来证明柯西不等式（图 2 - 100）；也可只取图 2 - 100 的一半来证明。因为 $a + d$ 与 $b + c$ 可能相等，也可能不相等，所以具体证明时将正方形改为长方形最为合适。

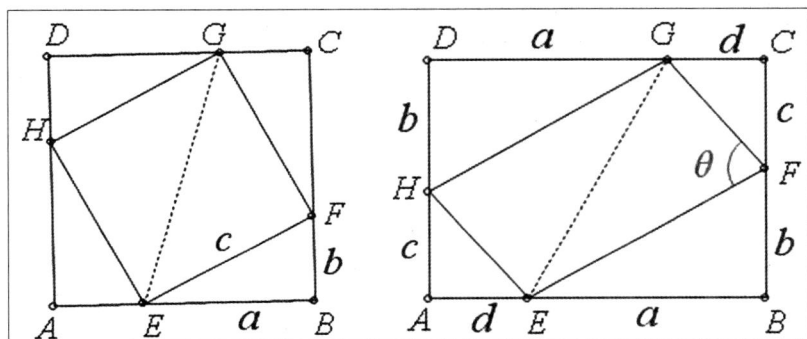

图 2 - 99　教材中证明勾股定理图 1　图 2 - 100　教材中证明勾股定理图 2

证明　从图 2 - 100 可以看出，

$(a + d)(b + c) = ab + cd + \sqrt{(a^2 + b^2)(c^2 + d^2)}\sin\theta$，从而 $ac + bd = \sqrt{(a^2 + b^2)}\sqrt{(c^2 + d^2)}\sin\theta$，即 $(ac + bd)^2 \leq (a^2 + b^2)(c^2 + d^2)$。

例 16　三角形面积公式

早期的几何学开始于计算某一几何图形的面积。人们发现了一个关于三角形面积的基本的计算公式，即"三角形面积等于底和高的乘积的一半"，下面可以通过超级画板中的一个动态图形验证这个结论。

①如图 2 - 101，作 $\triangle ABC$，然后从顶点 A 向对边 BC 引垂线 AD，垂足为 D。在边 AB 和边 AC 上分别选取中点为 E、F，中点连线 EF 交高线 AD 于 G。再作 $\triangle AEG$、$\triangle AGF$、多边形 $BCFE$，并将这三个图形内部填满颜色。

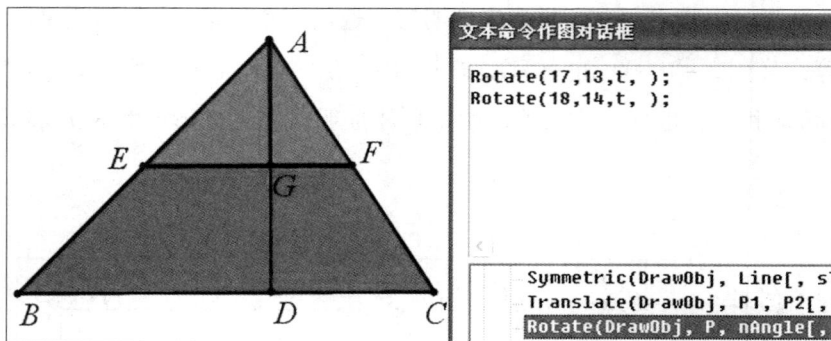

图 2-101　三角形面积 1

　②打开文本作图命令对话框，调出图形变换类旋转函数 Rotate（ , , ），相应参数录入情况如图 2-101。其中，17 和 18 分别表示△ AEG 和△ AGF 的编号。13 和 14 分别表示旋转中心 E 和 F 的编号；用变量 t 作为旋转角，是留有余地，准备让 t 来驱动旋转。单击运行按钮作出两个旋转复制的三角形。

　③为了能使上面两个被复制的多边形最终停在事先预想的位置，要作出变量 t 的动画按钮。并将其频率设置为 200，不能太快，参数范围设为 0 到 Pi，类型设置为一次运动。

　④可将△ AEG 和△ AGF 隐藏，造成一种"真的是这两块图形旋转出去了"的感觉。

　点击动画，三角形分割组成矩形。点击动画按钮的副钮，矩形还原成三角形。如果希望由△AGF 生成的多边形从△ABC 的外部旋转过来，只需将该属性中 t 改为 -t 即可，因为默认旋转是逆时针方向。或者在执行旋转命令的时候直接将旋转角度设置为 -t（图 2-102）。

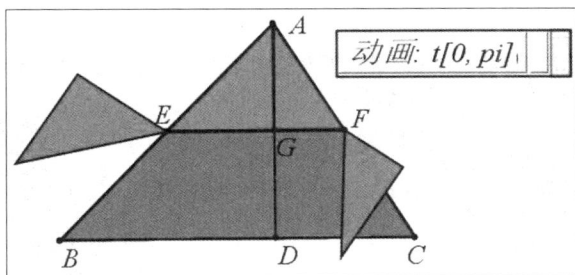

图 2 –102　三角形矩形变换动态图

　　拖动点 A，$\triangle ABC$ 的高 AD 会随之不断变化。但不管如何变化，只要能保证 D 点一直在 BC 边上，动画效果就会始终保持原有的情形不变。可是 D 点一旦出现在 BC 边的外部，这时原来的剪拼方案就不奏效了，需要重新设计。这个例子展现了如何使得一个被复制的多边形旋转到某个指定位置的方法和应用。

　　同一个教学内容，它的表现形式往往多种多样。由于课件制作所用原理不同，必然导致作出的教学设计不尽相同。比如三角形的面积公式就有三种不同的表示形式：$S = \dfrac{1}{2}ah = a(\dfrac{1}{2}h) = (\dfrac{1}{2}a)h = \dfrac{1}{2}(ah)$（与图 2 – 103 ~ 2 – 105 有对应关系），外表看来只是乘法交换律、乘法结合律的一些简单应用，但与图形结合起来寓意就比较深刻了，也更加值得我们关注和研究。

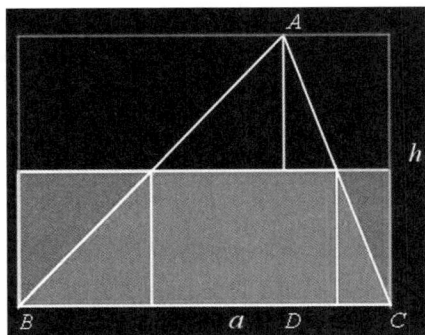

图 2 –103　三角形面积公式 1

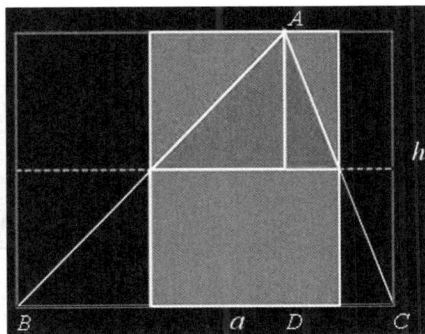

图 2 –104　三角形面积公式 2

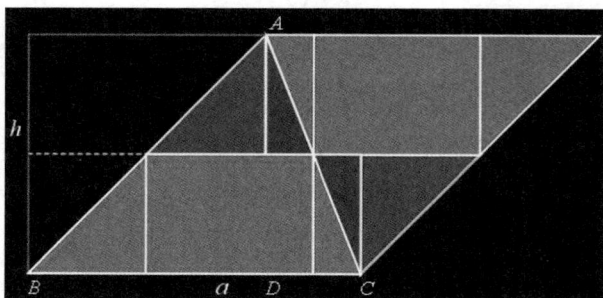

图 2 –105   三角形面积公式 3

　　我们或许会有这样错误的认识：小学时的数学是纯算术，初中时的数学就是代数和几何，高中时的数学是解析几何，这时才将代数与几何联系起来，才是数和形结合的开始。其实数形结合的思想绝非是到了高中，接触了解析几何才开始的，而是从小学开始就已经逐渐地渗透数形结合的思想方法了。又比如梯形面积公式 $S = \dfrac{(a+b)h}{2} = \dfrac{1}{2}ah + \dfrac{1}{2}bh$ 的证明就可从两个角度分析，一方面，梯形的面积可以看成是以梯形腰上的中点为旋转中心，旋转 $180°$ 后和原梯形组成的一个新的平行四边形的面积（图 2 – 106），另一方面，又可以过梯形的一个顶点作对角线，将梯形分解成两个三角形，这样一来，梯形的面积就等于这两个三角形面积的和。（图 2 – 107）。

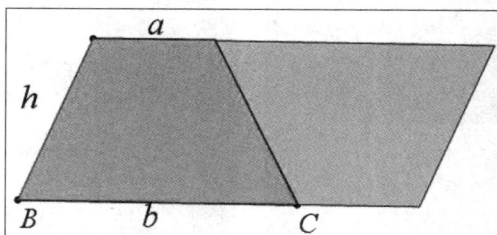

图 2 –106   由梯形拼成平行四边形

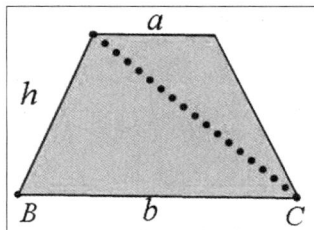

图 2 - 107　梯形面积转化成两个三角形面积

数学家们已经给出证明：任意一个多边形都能够通过面积分割将其重新拼成一个与其具有相同面积的多边形。这个结论在理论上是成立的，但实际操作时难度较大，为了验证这个事实，我们可以尝试在正三角形与正方形之间进行一下面积的转换（图 2 - 108）。根据勾股定理理论容易将一个给定的大正方形通过面积分割重新组合成两个小的正方形，对这两个小正方形还能够不断分解。但是当我们附加某些限定性条件后，该问题难度就大大增加了。比如现在可以思考这样一个问题，怎样设计才能将一个大正方形分解成三个面积相等的小正方形？（图 2 - 109）。

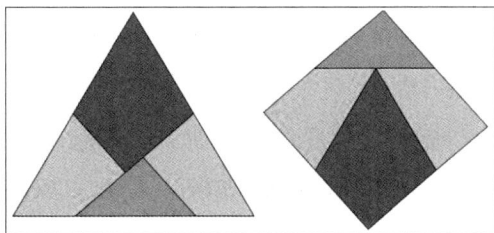

图 2 -108　正三角形与正方形之间的面积转换

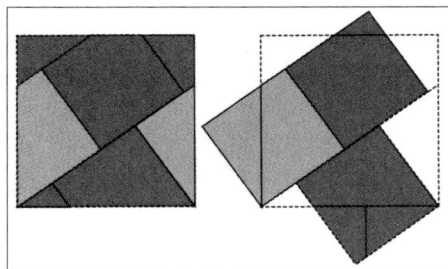

图 2 -109　正方形分解成 3 个面积相等的小正方形

例 17 为什么三角形三高共点?

几何中的辅助线有一种本领,能够把因果之间的迷雾一扫而光。单击
"显示或隐藏辅助线"按钮和"显示或隐藏说明"按钮,如图 2 - 110,水
落石出了。

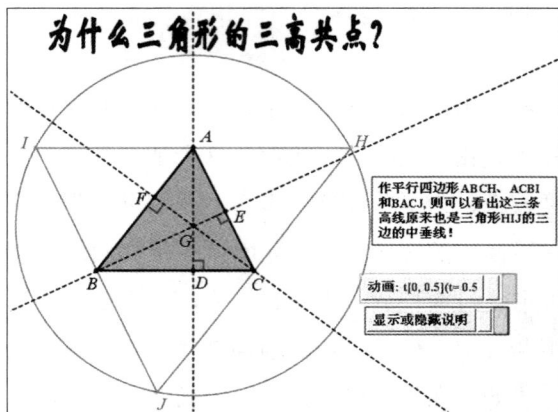

图 2 -110 三角形三高共点

三角形的三边的中垂线共点是容易证明的。辅助线揭示出了图形中隐
含的性质,使问题迎刃而解。

单击两个按钮的副钮,辅助线和说明就隐藏起来了。作出图 2 - 110
中的几何图形不难,要注意到四边形 *ABCH*、*ABJC*、*BCAI* 是平行四边形。

2.4.2 代数运算实例

(1) 符号计算力量大

超级画板中的符号运算必须在程序工作区进行。既可以作大整数的符
号运算,还可以作多项式的符号运算。具体涉及到因子分解数的计算、排
列组合数的计算、幂运算数的计算等。

在程序工作区,按 F1 键能够调出函数列表。列表中包含了所有的文

本作图命令函数。程序工作区支持三种语句的编程：①赋值语句的编程；②条件语句的编程；③循环语句的编程。而且程序工作区有一个更加方便的功能，就是在程序工作区可以定义函数，将程序写成函数形式。

计算表达式输入方式必须在英文输入状态下进行，以分号结束，再按 Ctrl 键或 Enter 键执行命令。

如图 2 – 111，输入"2/3 + 4/7;"，执行后返回结果 26/21。

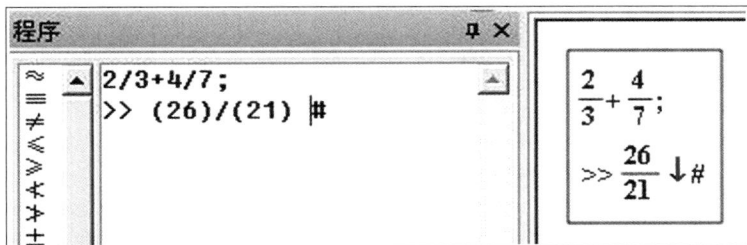

图 2 –111　程序区运算1

可见，输入的计算表达式和输出的结果会在右面作图区显示出来，这一区域叫作程序文本框。方便使用者进行编辑、复制和打印等。

在程序文本框里，可以使用"＋""－"号按钮对执行后结果进行放大缩小，也可以调出属性对话框进行相关设置等等。Delete 键在此处的功能是清除程序工作区，虽然此时刚才的文本还暂时保留在程序工作区，但其已被删除；此时再用鼠标点击程序区，则会生成一个新的空白程序文本。

《超级画板》的程序区在缺省情形作代数运算，求近似值要执行命令"Float（1）;"，计算机返回后，计算结果显示浮点数；如果回到符号计算，可执行："Float（）;"，计算机返回：＞＞计算结果不显示浮点数 #。在程序区作如图 2 – 112 所示计算，注意执行"Float（1）;"命令前后的区别。

```
pi;
>> pi #
e;
>> e #
Float(1);
>> 计算结果显示浮点数 #
pi;
>> pi=3.14159 #
e;
>> e=2.71828 #
2/3 + 4/7;
>> 26/21 =1.2381 #
2⁶⁴;
>> 18446744073709551616 #
Float();
>> 计算结果不显示浮点数 #
pi;
>> pi #
```

图 2 -112   程序区运算 2

Float（[nValue]）：控制程序中的计算结果是否用浮点数表示。如果执行程序时函数带参数，表明计算结果用浮点数表示；反之，表明计算结果用精确值表示。系统默认采用精确值表示最后计算结果。例如计算 $\sin(30)$，得到 $\sin(30)$；而当执行 Float（1）后，重新计算 $\sin(30)$，则得到 $\sin(30) = -0.988032$；计算 $\sin(30°)$，得到 $\sin(30°)$；而当执行 Float（1）后，再次计算 $\sin(30°)$，便得到 $\sin(30°) = 0.5$。

特别提醒：Float（）函数属于系统函数，这类函数只能单独执行，不能在自定义函数中使用。在符号计算状态下，输入 pi 或 e，返回仍是 pi 或 e。执行命令 Float（1）可以把计算结果用浮点数表示，再次执行 Float（）可以返回符号计算状态。

图 2 -113 作的是一些趣味计算，超级画板支持大数运算，自动排版很容易让人在运算中看出规律。普通计算器一般一次只能计算一个结果，算完了就删除了；而有些计算工具，比如 Execl 不支持大数运算，只能得到近似结果，也很难看出其中规律。

```
111111111²;
>> 12345678987654321 #
6666667²;
>> 44444448888889 #
9999991²;
>> 99999820000081 #
9999992²;
>> 99999840000064 #
       7777777*7777777
1+2+3+4+5+6+7+6+5+4+3+2+1 ;
>> 1234567654321 #
```

图 2 –113　程序区运算 3

　　《超级画板》具有强大的符号计算功能，并将符号计算和公式书写融为一体。在中学数学教学中使用这些功能时，可以在一定程度上帮助学生建立起代数式运算的基本概念，还可以给出验算练习题或习题的计算结果。

　　以乘幂的概念为例，如图 2 –114 所示，在程序工作区作乘幂的计算，比较容易理解。程序工作区还可以进行根式的化简、乘法分配律、合并同类项、分式相加、因式展开等符号运算。（图 2 –115）。

```
//同一个数累加，可以用乘幂表示:
a+a+a;
>> 3 a #
//同一个数连乘，可以用乘幂表示:
X*X*X*X*X;
>> X⁵ #
//系数或指数为1时，要省略:
1*x;
>> x #
x¹;
>> x #
//同底之幂相乘，指数相加:
2⁸*2²;
>> 32768 #
2¹⁵;
>> 32768 #
//同底之幂相除，指数相减
A⁷
──
A³;
>> A⁴ #
//乘幂的乘幂，指数相乘:
(a⁵)³;
>> a¹⁵ #
```

图 2 –114　程序区运算 4

```
//根式的化简:
√(18 a³ b⁴);
>> 3 a² b² √(2 a) #
//乘法分配律:
x² (3 x y-5 x+2);
>> 3 x³ y-5 x³+2 x² #
//合并同类项:
3 x y²-2 x+1+4 y² x-5+3 x;
>> 7 x y²+x-4 #
//分式相加:
  1     1
───── + ─────
 x+1    x-1 ;
     2 x
>> ─────── #
    x²-1
//因式展开:
(a+b) (x+y);
>> a x+a y+b x+b y #
(a+b)⁴;
>> a⁴+4 a³ b+6 a² b²+4 a b³+b⁴ #
```

图 2 –115　程序区运算 5

双斜杠"//"表示后面一行是注解，不参加运算。这里，指数前要使用"^"号，乘法用"＊"表示，除法和分数线用"/"表示。省略"＊"号可以用空格、普通的乘号、圆点代替，在右键菜单中"属性"文本栏下面选择用什么代替"＊"号。

在图 2 - 116 中，函数 Mod（34，5）是求 34 被 5 除的余数；Factor（22302）是求 22302 的素因子分解式；Factor（x^6 ＊ y^6 - 1）是将多项式 x^6 ＊ y^6 - 1 作因式分解；Factorial（10）是求 10 的阶乘，即从 1 到 10 的自然数的乘积；Diff（a ＊ x^2 + ln（x），x）是将函数 a ＊ x^2 + ln（x）对变量 x 求导数；函数 Int（x^3，x，a，b）是将多项式 x^3 求不定积分；P（10，5）是求 10 中取 5 的排列数；C（10，5）是求 10 中取 5 的组合数。

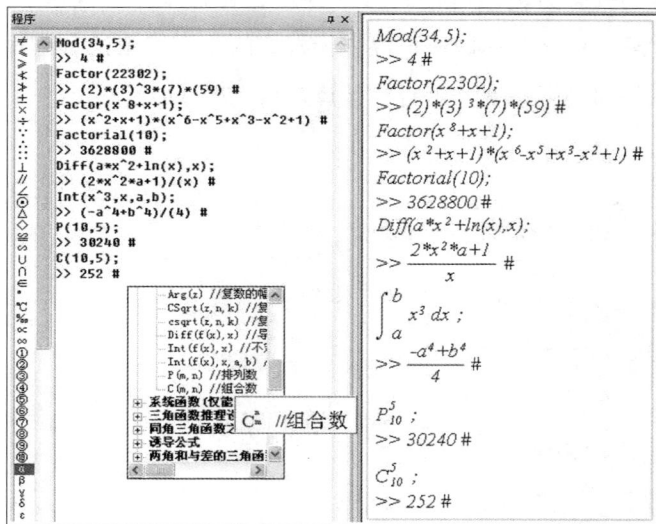

图 2 -116　程序区运算 6

程序工作区单击后按 F1 键，可以选择更多的函数，如图 2 - 117，可以看到超级画板中的库函数包括：标准数学函数、一般运算函数、系统函数、三角函数式推理函数（三角函数推理设置函数、同角三角函数之间的关系、诱导公式和万能公式等）、作图函数（点、直线、圆锥曲线等）以及测量函数、文本设置函数、动画的属性设置函数等等。鼠标光标指着的函数会放大。双击时，函数名会被复制到程序工作区。

很多库函数都很有用，值得一试。比如：

Subst（Expr，x，Expr1）：得到表达式 Expr 中的变量 x 用表达式 Expr1 代替后的表达式，结果中的表达式是展开后的表达式。例如输入 Subst（x^2 + 2 * x + 1，x，y + 1），结果得到 y^2 + 4 * y + 4。

Arg（z）：取复数 z 的复角主值。例如运算 Arg（2 − 2 * i + 4 * i^2），结果得到 pi + arctan（2）。

CSqrt（z，n，k）：取复数 z 的第 k 个 n 次方根，要求 k ≤ n。例如运算 CSqrt（1，4，1），结果得到 i。

（2）因式分解渊源长

$(a + b)^{10}$ 在传统课堂教学中分解速度很慢，使用超级画板后，既能将其迅速分解，又能很快排好版，为中学数学教师教学带来了极大便利。也可以用杨辉三角形解决这个问题。还有一些难以判断能不能分解的多项式，使用超级画板能迅速得到解决。

学习因式分解都是从最简单的 $x^2 − 1$、$x^3 − 1$ 开始的，所有的学生都会学到这样一个公式：$x^n − 1 = (x − 1)(x^{n-1} + x^{n-2} + \cdots + x + 1)$。对于这个公式，将右边两个式子相乘，互相抵消后可得到左边，正确性毋庸置疑。但若从因式分解的角度来讲，此公式就未必对，因为因式分解要求分解要彻底，初中一般要求在整数范围内。举例来说，当 $n = 4$ 时，$x^4 − 1 = (x − 1)(x + 1)(x^2 + 1)$；当 $n = 6$ 时，$x^6 − 1 = (x − 1)(x + 1)(x^2 − x + 1)(x^2 + x + 1)$。所以我们只能把 $x^n − 1 = (x − 1)(x^{n-1} + x^{n-2} + \cdots + x + 1)$ 看作是一个恒等式，而不能将之作为因式分解的一个通式。

关于 $x^n − 1 = (x − 1)(x^{n-1} + x^{n-2} + \cdots + x + 1)$，还有一个故事。前苏联数学家契巴塔寥夫分解因式的时候发现：

$$x − 1 = x − 1$$
$$x^2 − 1 = (x − 1)(x + 1)$$

$$x^3 - 1 = (x - 1)(x^2 + x + 1)$$
$$x^4 - 1 = (x - 1)(x + 1)(x^2 + 1)$$
$$x^5 - 1 = (x - 1)(x^4 + x^3 + x^2 + x + 1)$$
$$x^6 - 1 = (x - 1)(x + 1)(x^2 - x + 1)(x^2 + x + 1)$$

于是提出了一个猜想：将 $x^n - 1$ 进行因式分解，所得结果中 x^k 的系数非 0 即 ± 1。这个猜想是不成立的，但也不容易检验。因为当 $n \leq 104$ 时，此猜想都成立，而当 $n = 105$ 时，猜想不成立。这个反例最早是由苏联数学家伊万诺夫发现的。用计算机来分解 $x^{105} - 1$，容易看出 x^{41} 和 x^7 的系数是 -2（图 2 −117）。

Factor(x^{105}-1);
>> (x^4+x^3+x^2+x+1)(x^6+x^5+x^4+x^3+x^2+x+1)
(x^{24}-x^{23}+x^{19}-x^{18}+x^{17}-x^{16}+x^{14}-x^{13}+x^{12}-x^{11}+x^{10}-x^8+x^7-x^6+x^5-x+1)
(x-1)(x^{12}-x^{11}+x^9-x^8+x^6-x^4+x^3-x+1)(x^2+x+1)(x^8-x^7+x^5-x^4+x^3-x+1)
(x^{48}+x^{47}+x^{46}-x^{43}-x^{42}-2x^{41}-x^{40}-x^{39}+x^{36}+x^{35}+x^{34}+x^{33}+x^{32}+x^{31}+x^{28}-x^{26}
-x^{24}-x^{22}-x^{20}+x^{17}+x^{16}+x^{15}+x^{14}+x^{13}+x^{12}-x^9-x^8-2x^7-x^6-x^5+x^2+x+1) #

图 2 −117　程序区运算 7

与分解因式相类似的问题就是分解质因数。所谓分解质因数，就是将不是质数的数分解成若干个质数的乘积，例如 $30 = 2 * 3 * 5$。业余数学家王费马曾提出猜想"对任一自然数 n，$2^{2^n} + 1$ 都是质数"。很多数学家企图证明都失败了，后来数学家欧拉否定了该猜想，当 $n = 5$ 时，$2^{2^n} + 1 = 2^{32} + 1 = 641 * 6700417$。

由于超级画板不是专门的符号运算软件，所以只提供一些常用的符号运算功能。比如用超级画板分解 $2^{67} - 1$ 是不能达到预期结果的，反之却可以将两个因数相乘而得到，这是因为 $2^{67} - 1$ 的最小的因子都比较大。而常用的分解因数的程序，从程序的有效性考虑，当试探因子达到一个比较大的数时，还没发现分解因子，则程序结束。超级画板的符号计算功能主要是为中学数学教学设计，更复杂的计算可采用 Maple 等专业数学计算软件。但即便是采用最好的计算机和专业符号计算软件，大整数分解仍然是现代数学界的一大难题。比如说，甲将两个 200 位以上的素数相乘，将结果告诉乙，乙是很难将结果分解出来的。大整数分解的难度所在也是 RSA 加密的保障，有兴趣的读者可参看这方面的书籍。

（3）赋值语句真方便

超级画板中的赋值语句用等号。要给 a_ 1 赋值 3，可在英文输入状态键入：a_ 1 = 3；

执行后计算机返回：＞＞3＃。这是计算机给出的程序运行后的结果，我们称它为返回，它表示计算机已经将 a_ 1 这个变量赋值为 3。我们还可再一次验证此事，在超级画板程序窗口输入 a_ 1 + 5；

执行后返回：＞＞8#

从这个结果可以看出，计算机清楚 a_ 1 的当前值是 3。在此基础上对其再加 5，可键入：a_ 1 = a_ 1 + 5；

该指令的含义是要将 a_ 1 的当前值加 5 后重新作为 a_ 1 的值，即为 a_ 1 的新值，执行后返回：＞＞ 8 #

这表明 a_ 1 的当前值已经改变为 8。如不放心，要确认，可键入：a_ 1；

执行后返回：＞＞8#

现在将 b_ 1 赋值为 8，键入"b_ 1 = 8；"，执行，于是 a_ 1、b_ 1 都被赋值，a_ 1 = 9，b_ 1 = 8。

例 1　编写程序，使 a_ 1 所赋的值与 b_ 1 所赋的值进行交换

分析：这个问题需要事先准备 3 个变量作为中间过渡，只有这样才能实现最终两个变量值的互换。

具体程序为：

```
c_ 1 = a_ 1；
a_ 1 = b_ 1；
b_ 1 = c_ 1；
```

执行上述程序，检查一下，a_ 1 和 b_ 1 的当前值是否已经交换？

说明：上面例子的共同特点都是将数值赋予字母变量。其实多数情况下还需要将字母、数学表达式赋予字母变量。

如果键入：a_ 1 = 1 + y；

执行后返回：＞＞ y + 1 #

再键入：a_ 1^3；

执行后返回：＞＞ y^3 + 3 * y^2 + 3 * y + 1 #

例2 将 $(h + i + j)^9$ 的展开式看作是以 i 为自变量的多项式，请尝试给出计算展开式中 i^7 项系数大小的程序。

分析：函数 Coeff（m，n，w）可用来求解 m 多项式中 n 的 w 次幂项的系数，使用它容易写出所要程序：

t =（h + i + j）^9；

Coeff（t，i，7）；

执行后返回：＞＞ 36 * h^2 + 72 * h * j + 36 * j^2#

如果要求（h + 2i + hi）的 9 次方的展开式中 $h^5 i^8$ 项的系数，可以两次调用函数 Coeff：

v =（h + 2 * i + h * i）^9；

A = Coeff（v，h，5）；

Coeff（A，i，8）；

执行后返回：＞＞ 10080 #

把变量 s 赋值为 n + 2 后，再给 n 赋值为 7，这时 n + 2 的值为 7，但变量 s 仍保持 n + 2 的形式。

s = n + 2；

＞＞ n + 2 #

s；

＞＞ n + 2 #

n = 7；

＞＞ 7 #

s；

> > n + 2 #

n + 2 ;

> > 9 #

s − (n + 2) ;

> > n − 7 #

说明：此时 $n-7$ 的值为 0，但仍然可将该式子写作 $n-7$，目的就是为了保持 s 的形式不变。而赋值和函数有着本质的区别，比如要定义式子 $S(n) = n+2$，则 $S(h) = h+2$。

（4）定义函数编程快

程序区应当编程和运行程序。但初中阶段一般用不了编程，已知梯形上下底分别为 $m=3$，$n=7$，高 $h=4$，计算梯形面积 s。

分析：该问题需要先自定义一个能够用来计算梯形面积的函数。此时可以在程序区键入 s（m，n，h）｜（m+n）∗h/2；｝，执行该命令后程序区会返回结果：> > s（m，n，h）#。到此定义函数 s（m，n，h）的过程结束，其中，s 被称为函数名，m、n、h 被称为变元或参数。

再用这个函数计算上下底分别为 $m=3, n=7$，高 $h=4$ 的梯形面积，键入：s（3，7，4）；

执行后返回：> > 20 #

把一些运算或程序写成函数，使用起来很方便。

例 3　已知一个三角形的三边长分别为 e、f、g，试编程计算该三角形的面积 k。

分析：已知三角形的三边长求其面积，可以用海伦公式，依据该公式，可将求三角形面积的程序书写如下：

k（e,f,g）｜s=（e+f+g）/2｝；（s∗（s−e）∗（s−f）∗（s−g））^（1/2）；｝

运行该程序后，就相当于建立了函数 $k(e,f,g)$；假设一个三角形的三边长分别为 5、6、7，要求其面积，这时只需在程序区打入 $k(5,6,7)$ 并运行即可。

例 4 解二元一次方程组 $\begin{cases} 3x + 2y = 5 \\ 4x - 3y = 18 \end{cases}$

在程序区里输入如下的函数式子，每输入一个式子，执行一次，最后的运行情形如图 2 – 118 所示。

A = 3 * x + 2 * y − 5;

B = 4 * x − 3 * y − 18;

4 * A − 3 * B;

3 * A + 2 * B;

D2 (a, b, c, d) {a * d − b * c;}

d = D2 (3, 2, 4, −3);

x = D2 (5, 2, 18, −3) /d;

y = D2 (3, 5, 4, 18) /d;

上面我们用两种解法得出：y = −2，x = 3。

```
A=3*x+2*y-5;
>> 3*x+2*y-5 #
B=4*x-3*y-18;
>> 4*x-3*y-18 #
4*A-3*B;
>> 17*y+34 #
3*A+2*B;
>> 17*x-51 #
// 法2
 D2(a,b,c,d){a*d-b*c;}
>> D2(a, b, c, d) #
d=D2(3,2,4,-3);
>> -17 #
x= D2(5,2,18,-3)/d ;
>> 3 #
y= D2(3,5,4,18)/d ;
>> -2 #
```

图 2 –118　解方程组

在程序区里输入下列表达式，每输入一个式子，执行一次，最后的执行结果如图 2 - 119 示。

$f(x)\{x^2 + 1;\}$

$f(2)$;

$f(-2)$;

$f(a)$;

$f(a + b)$;

$g(x)\{a * x^2 + b * x + c;\}$

$g(0)$;

$g(1)$;

$g(-b/(2 * a)))$;

```
f(x){x²+1;}
>> f(x) #
f(2);
>> 5 #
f(-2);
>> 5 #
f(a);
>> a²+1 #
f(a+b);
>> a²+2*a*b+b²+1 #
g(x){a*x²+b*x+c;}
>> g(x) #
g(0);
>> c #
g(1);
>> a+b+c #
g(-b/(2*a));
>> (4*a*c-b²)/(4*a) #
```

图 2 - 119　函数运算

一些介绍数学归纳法的科普书上有这样的论断："当 n = 1，2，3，…，11000 的时候，式子 $n^2 + n + 72491$ 的值都是素数；只要 n = 72490 的时候，它的值就不是素数。

这样的论述是为了强调作结论不能以偏概全。但是，谁又会一一去测试呢？其实，我们可以一眼看出："当 n = 72491 时，$n^2 + n + 72491$ 是合数"。我们也可以定义函数验证，很容易找到反例（图 2 – 120）。进一步分解发现，$72491 = 71 * 1021$，当 n 为 71 的倍数时，$n^2 + n + 72491$ 就存在 71 这一因子。

$$F(n)\{n^2+n+72491;\}$$
$$>> F(n) \#$$
$$Factor(F(10));$$
$$>> (79)*(919) \#$$

图 2 –120　自定义函数

用这种方法定义函数，如果适当注意利用，应用会更加广泛。比如要了解方程中的参数对这一方程有何影响，诸如 $y = ax^2 + bx + c$，$y = Asin(\omega x + \varphi)$，$x^2 + y^2 + Dx + Ey + F = 0$ 这三个给定的方程，它们都需要用到三把变量尺，现在的问题是这三把变量尺能否用一个统一的函数指令表示呢？对该问题的回答是肯定的，那么该如何定义呢？

具体做法是：自定义以下三个函数：

$blc3(x,y,z)\{Variable(x,); Variable(y,); Variable(z,);\}$

对该函数运行后，返回结果为 "$>> blc3(x,y,z)???????\#$"，在此基础上再运行函数 "$blc3(a,b,c);$"，三把变量尺便会产生。同样道理，还可以定义 "$hsx(A)\{Function(x,A,x, -10,10,100,);\}$"，接下来再运行 "$hsx(a*x\hat{}2 + b*x + c);$"，从而会有一条二次曲线生成，曲线形状如图 2 –121 所示。

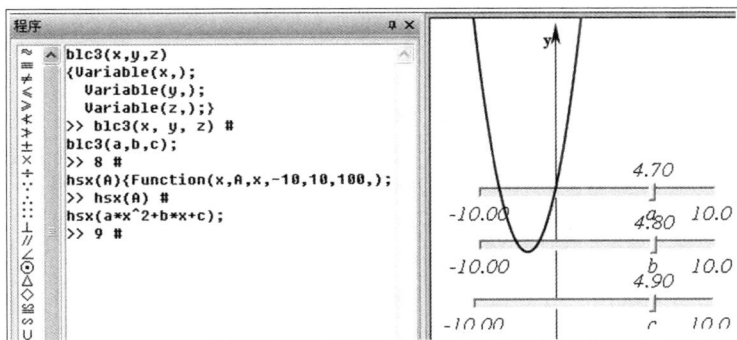

图 2 -121　二次曲线

　　直接执行"Variable（a,）；Variable（b,）；Variable（c,）；"也可以三把变量尺。其实，只要我们多编一些与 blc3 相似的函数，编好后将这些函数放到一个空白文档中，运行后便可制作成一个拥有许多自定义函数的模版。在此模板中，只要运行"$blc3(a,b,c)$；"便可得到三把变量尺。

　　在程序区中，把编写的函数删除之后，你再执行，你会发现刚才定义的函数仍然有效；所以当自定义函数很多时，可以在程序内删除，以免干扰。那么删除后能否再让它显示出来呢？按 F1，在系统函数下有显示自定义函数的函数 FunctionText（sFunName），填写参数就是该函数的函数名。使用 ShowFunList（），则显示所有自定义函数。

第3章
DISANZHANG

吉林省东南部地区中学数学教师
信息化教学能力研究现状

3.1　概念界定与理论基础

3.1.1　概念界定

（1）能力

能力一词一直是理论界研究的核心词汇，被人们熟知并广泛使用。到底什么是能力？中外相关学者一直在探究，但尚未达成统一定论。能力一直活跃在心理学领域，是指能够完成某一项任务所必须具备的素质，包括个体的个性心理特征。笔者在本研究中将其综合概括为"个体为了完成某一目标或某些活动所必须具备的个性心理特征。"

能力具有不同的划分标准，划分标准不同，能力的类型也就不同。就能力在不同活动领域的表现来说，能力可以分为一般能力和特殊能力。一般能力是个体必须具备的基本能力，是包括理解能力、记忆能力、思维能力在内的各种能力的总和，其中思维能力是核心，影响并制约着个体能力的总体发展水平。特殊能力是个体完成某项专门活动时必须具备的能力，如语言能力、数学能力等。特殊能力还能细化成更具体的专门领域的能力，信息化教学能力就是教师教学能力的进一步细化，是教师在教学过程中合理使用信息技术的具体体现。

（2）教学能力

教学能力是教师为了完成教学活动所必须具备的能力，是教师在教学活动中各方面素质的综合体现。教学能力也同能力一样，在概念界定方面没有统一标准，每位研究者都从自己的研究角度出发，为教学能力赋予不同内涵，下面综合分析一下众家之谈。

①教学能力定义的相关研究。

教学活动包含了教学目标、教学计划、教学成效等诸多要素，不同研究者有不同的研究出发点，仁者见仁，智者见智。

从完成教学任务出发谈教学能力，教学能力是指教师根据教学计划和人才培养方案，为了实现既定的教学目标而进行各项教学活动的能力。这种能力的发挥是以教学成效的潜力挖掘为前提的，它为了达到最理想的教学目标综合考虑了诸多具体教学要素，是一种目的很明确的直接的个性心理特征。这里的教学能力具体指学科教师从事教学活动、完成教学任务、达到教学目的必须具备的一般能力和特殊能力。

从教学有效性出发谈教学能力，教学能力是指教师为了达到教学有效性而进行教学活动所必须具备的多种能力的总和。

从教学活动有效性出发谈教学能力，是指教师所有教学方面能力的发挥都是为了实现教学活动的有效性。

②教学能力性质的相关研究。

教学活动是以科学为基础、为指导，以艺术为表现形式的活动，它是科学和艺术的统一体。教学活动的特质决定了从事教学活动的教师应该具备哪些能力。教师在教学过程中不仅要在科学基础上具备普遍认识能力、设计能力、组织能力、传播能力，还要具备专门的教材驾驭能力、教学研究能力等特殊能力。教学能力就是以智力为依托，教师在教学活动中表现出来的一般能力和特殊能力的总和。

综合诸多学者关于教师能力定义和教师能力性质的研究情况，结合本研究主旨，将教师能力界定为教师在整个教育教学过程中，在具备广博的教学知识和娴熟的教学技巧的前提下，支撑其顺利完成教学活动，实现教学目的的各项能力的总和。

（3）信息化教学能力

信息化教学是伴随着信息技术飞速发展而产生的一种现代化教学方式，它要求教学的各个层面都要与信息技术相融合，无论是教学观念、教学内容、教学方法、教学手段，还是教学组织形式、教学评价、教学环境等，一系列教学要素都要信息化。将信息技术引入教育教学领域，并不是要摒弃传统教学的全部，而是要依托于现代信息技术对传统教学进行改革创新。信息化教学是传统教学和现代信息技术相结合的一种全新的教学方式。由于信息技术的加入，传统教学中的教学观念、教学组织形式、教学环境、教学内容、教学方法等都要发生相应的变化，现代信息技术使传统教学发生了全新的变化，使传统教学领域到处都渗透着信息化的气息。信息化教学已经成为目前各类学校普遍使用的教学模式。

信息化教学能力是教师在实施信息化教学过程中必须具备的能力，它随着信息化教学的出现而产生。将信息化引入教育领域并在教育领域广泛应用已经引起了相关研究者的关注，目前，学界还没有对信息化教学能力概念达成统一意见。有的学者从教学过程优化的角度来谈信息化教学能力，将信息化教学能力定义为，教师在教学过程中能够充分利用现代信息技术，将信息技术同教学的各个环节和要素有机结合起来，并且能够使用各种方法和途径获取丰富的信息资源，不断优化教学过程的能力。还有的学者从学生发展的角度来谈信息化教学能力，认为信息化教学能力是以学生的全面发展为目的，教师为实现这一目的在教学中展现出来的综合能力。可见，无论从哪个角度出发，信息化教学能力都是指在教学过程中，教师必须具备的一般能力和特殊能力的具体体现。它是一种综合能力，包含若干子能力。

在已有的研究中，研究者普遍认同的信息化教学能力的子能力包括三个，一是信息化教学设计能力，二是信息化教学实施能力，三是促进学生信息化学习的能力。本研究借鉴了学者们关于信息化教学能力结构的部分观点，结合《中小学教师教育技术能力标准》，对信息化教学能力做了如下界定：信息化教学能力是为了适应新课程改革标准，教师为了不断提高教育教学水平，将信息技术同课程整合，并将信息技术应用于教学各个环节，进而提高教学效率和教学效果的能力。信息化教学能力包括信息化教学设计能力、信息化教学实施能力、信息化教学评价和反思能力、信息化教学研究能力。教学设计能力是整个教学活动的关键，它决定着其他三个子能力，是其他三个子能力的基础。其他三个子能力也会反作用于教学设计能力，又能够促进教学设计能力的改进和提升。四个子能力相互制约、相互影响，协同发展。

（4）信息化教学能力提升策略

"提升"在《现代汉语词典》中有两层含义，一是提高（职位、等级等）；二是用卷扬机等向高处运送。信息化教学能力提升策略中的"提升"取提高这一含义，是指在教师已经具备的信息化教学能力的基础上，通过采取各种方法和途径使其能力得到提高。信息化教学能力提升策略就是可以提高教师信息化教学能力的一切方法和途径的总称。

3.1.2 理论基础

教师的地位和教师专业得到认可经历了长期的过程。首先是教师地位在法律上得到保障，1994 年，我国首次颁布了《教师法》，这是对教师地位在法律上的认可；1995 年，我国实行了教师资格证制度，这是对教师专业在实践中的认可和约定。正是由于相关法律、制度的出台，推动了教师这一群体的专业化发展。有关"教师专业发展"的研究很多，主要涉及教师专业发展的内涵和教师专业发展的内容。

（1）教师专业发展的内涵

教师专业发展是一个综合性的词汇，是指教师在学科教学中，不断学习和实践，扩充专业知识，提高专业水平的过程。国内外关于教师专业发展内涵的研究很多，对教师专业发展内涵的界定主要有以下几种。

从教师专业发展的阶段出发谈教师专业发展的内涵。教师的专业发展与教师的教学生涯密不可分。教师的教学生涯具有阶段性，不同的教学生涯阶段对教师的专业发展具有不同的影响。这里的教师专业发展是指教师在不同的教学生涯阶段必须具备一定的专业知识和专业技能以从事专业活动的过程。

从教师专业成长目标出发谈教师专业发展的内涵。教师专业成长目标是教师专业发展的指针，教师专业成长目标内在地涵盖了提升教学效果、增加学生学习兴趣、提高学生学习能力等内容，所以这里的教师专业发展是指教师为了达到自己的成长目标而进行的自我提升，包括专业水平的提升和专业表现的提升。

从外部因素出发谈教师专业发展的内涵。教师专业发展不仅需要有教师自身想要发展的主观意愿这一内因，还要有外因的推动作用。促进教师专业发展的外因包括外出接受专业培训、校本培训、与同事交流合作等方面。通过这些培训，提高教师的专业水平，这里的专业发展是指通过创设外部条件来达到教师的全面发展。

（2）教师专业发展的内容

教师专业发展是教师在教学生涯中，不断专业化并成为具有较高专业素质的教育工作者的过程，是教师不断创新专业理念、充实专业知识，提高专业能力、展现专业道德，最终达到专业成熟的过程。由此可见，专业理念、专业知识和专业能力是教师专业发展的三个核心要素。在这三个要素中，专业理念是先导，是指引教师不断进步的行动指南，它包括教学理念、教师职业道德等。专业知识是核心，教师的职责是"传道、授业、解惑"，教书育人。教师实现自我价值的途径就是传授知识。专业能力是教师自身发展必须具备的条件，是教师能够进行正常教学的前提和基础。

3.2　国内外研究现状

3.2.1　国外关于教师信息化教学能力的相关研究

各国在探索运用信息技术促进教育发展的征途上各显身手，专家学者们研究内容精彩纷呈。

（1）信息化教学的相关知识框架研究

美国 Michigan State University 的科勒和米什拉于 2005 年提出了在现代教育技术条件下，教师必须掌握"整合技术的学科教学知识"（TPACK），TPACK 是 Technological Pedagogical Content Knowledge 的缩写，是在舒尔曼的学科教学知识（PCK）的基础上提出的，TPACK 能力是未来教师必须具备的能够提高信息化教学水平的能力。TPACK 框架融入了技术知识，是一种新知识形式。TPACK 的三个核心要素：学科知识（CK）、教学法知识（PK）、技术知识（TK）。将三种核心要素进行交叉组合，结果如下：①学科教学法知识（PCK）；②信息化学科知识（TCK）；③信息化教学法知识（TPK）；④信息化学科教学法知识（TPACK）。如图 3 −1 所示：

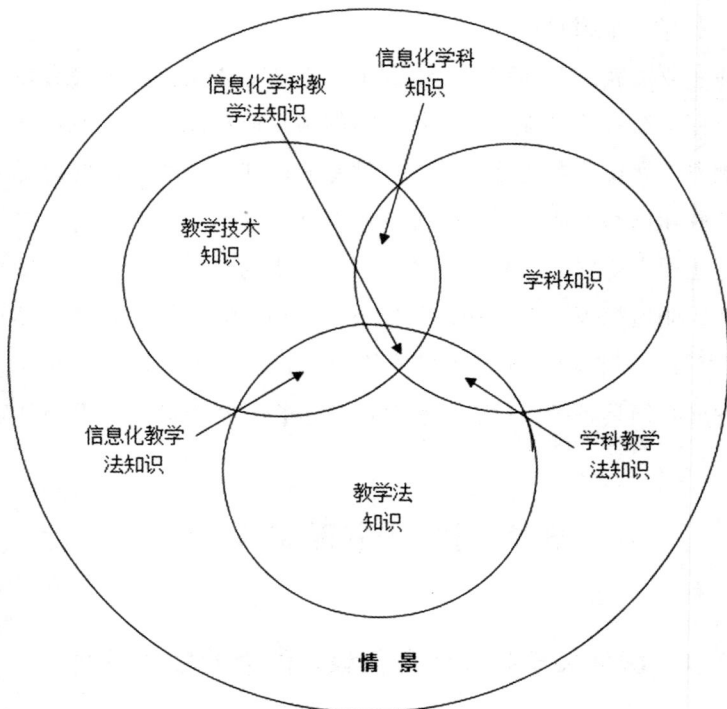

图 3 −1　教师信息化教学的知识框架

（2）信息化教学能力的相关标准研究

①联合国《信息和传播技术教师能力标准》。2008 年，联合国教科文组织出台了《信息和传播技术教师能力标准》（TCT – CST），并要求全球100 多个国家的教育部执行。TCT – CST 指出，教师在教学过程中必须具备利用信息技术和通信技术的能力，信息技术在教育领域要全方位渗透，各国与教育信息化相关的课程的设置要遵循由浅入深的层次性规律。

②美国《面向所有教师的技术基础标准》。美国十分重视教师信息化教学能力的培养，先是实施了信息高速公路工程；20 世纪 90 年代，美国国际教育技术协会（ISTE）制定了《面向所有教师的技术基础标准》（NETS. T），经过二次修订后，逐渐形成了完整的体系。NETS. T 中涵盖了提高教师信息化教学能力的全部标准，个体与集体兼顾，既适用于专业组织机构，又可以全国通用；既可以职前进行，又可以在职培训。

（3）信息化教学能力的相关项目研究

信息技术对教育事业的推动作用越来越明显，引起了各国政府的高度重视，纷纷推出了各种培训项目以促进教师信息化教学能力的提升，相关研究成果都值得我国借鉴。

部分项目简要如表 3 – 1 所示。

表 3 – 1　各国培训项目一览表

名称	目标	内容	对象	方式	考核方式
美国的 PT3 项目	未来教师在教学中使用信息技术	技术在教学中的有效应用	职前教师	参与式、网络式	标准统一、以技能和应用考核为主
韩国的 ICT 素养	把信息技术与学科教学整合起来，培养学生应用 ICT 解决问题能力及学习能力	ICT 素养教育及应用教育	职前、在职教师、校长、ICT 专家、优秀教师	网络培训和面对面培训相结合	ICT 能力作为教师和教学管理人员选拔聘用及晋升的条件

名称	目标	内容	对象	方式	考核方式
新加坡的 MP 项目	MP1 侧重 IT 基本技能，MP2 侧重 IT 促进教师专业发展，MP3 侧重 IT 在课程中的一体化应用	针对教师的不同职业发展阶段、不同需求，培训内容侧重点不同	职前教师、全体专任教师、正副校长、管理人员	网络培训和面对面培训相结合	实施国家层面的技术资格认证
日本信息化教育立国工程	培养运用信息技术能力，使学生适应信息化社会的生活	教师信息技术技能	小学、中学、大学教师	网络培训、远程教育、卫星通信	信息化教学能力在教师的综合评价中占重要比例

3.2.2　国内关于教师信息化教学能力的相关研究

在 CNKI 中国知网数据库中，检索控制条件设置为"篇名"，检索词限定为"教师信息化教学能力"，匹配为"精确"，检索时间限定为 1979 年 1 月 1 日到 2017 年 3 月 10 日，检索后发现共有检索结果 190 条，其中期刊论文 149 篇，硕士学位论文 41 篇，尚未发现博士论文。从检索结果可以看出，关于"教师专业发展""信息化教学能力"这两方面的研究已经取得了一些成果，但主要停留在宏观层面，在整体上对信息化教学能力的概念、研究对象、研究方法等方面进行了一些研究，涉及到微观的、具体的研究较少。

（1）信息化教学能力内涵研究

钟志贤（2004 年）认为，信息化教学能力是指教师利用计算机和网络获取教学资源，管理教学过程的新型综合教学能力。

南国农（2004 年）认为，信息化教学能力是在信息化教育过程中形成的，它是现代教育思想和理论、现代信息技术、教育资源、教育主体共同作用的结果。（图 3 - 2）

图 3 –2　信息化教育内涵图

李天龙（2009 年）认为，信息化教学能力是指在教学活动中发挥出来的所有能力。

李娟（2011 年）认为，信息化教学能力包括信息化教学态度、信息化教学理念、信息化教学技能、信息化教学实施能力、信息化教学研发能力。

刘喆，尹睿（2014 年）认为，信息化教学能力是指教师在教学过程中，运用信息技术将教与学成功转化的知能结构体。

彭春华（2015 年）认为，信息化教学能力，就是指在信息环境中，教师利用现代教育媒体和教育信息资源进行教学的能力。

李媛（2016 年）认为，信息化教学能力是指教师在教学过程中管理、设计、开发、利用与评价学习资源必须具备的良好心理素质，并能在信息化环境下不断进行具体教学实践活动的能力。

钟葳（2016 年）认为，信息化教学能力是指教师采用现代信息技术解决教学中所遇到的问题的能力。

（2）信息化教学能力的发展阶段研究

郭炯（2006 年）指出，信息化教学能力发展经历了迷茫阶段、适应阶段、发展阶段和创新阶段四个阶段。

郭绍青（2007 年）认为，信息化教学能力发展要经历迷茫阶段、适应阶段、发展阶段、创新阶段、模仿阶段和熟练阶段。

朱艳（2016 年）指出，教师信息化教学能力发展应该包括四个阶段：萌芽阶段、应用阶段、整合阶段、变革阶段。

（3）信息化教学能力发展的问题研究

樊文芳，张军征（2011 年）对山西省农村教师进行了调查，发现阻碍其信息化教学能力发展的因素包括内因和外因两种，其中，内因是教师自身学历低、领悟力差、信息技术水平低；外因是保障机制不健全、培训流于形式。

黄映玲（2012 年）指出，影响教师信息化教学能力的因素包括四个方面：教学水平低、信息技术与学科课程整合能力差、对信息技术与教学方法融合缺乏了解、不能有意识地利用信息技术改变学生学习方式。

（4）信息化教学能力的提升策略研究

李娟，张家铭（2011 年）以问卷调查和实地考察的方法进行研究，得出提高教师信息化教学能力的五个措施：改进培训内容、教学研究与教育实践相结合、学校提供培训机会、创设信息化教学环境、建构信息化教学管理评价体系。

王涛，吴昊（2011 年）认为，提升教师信息化教学能力的策略应该包括五方面：加大教育基础设施的建设力度、在本地区推广信息化教学、建立省、县地市、乡校三级培训体系、注重民族教育资源的开发、制定本校的信息化教学制度。

郑小军，张霞（2014 年）认为，应该从国家、地方、学校和教师等层面提高教师信息化教学能力。

蒋红梅，陈雪梅（2014 年）提出从外部支持、优化途径、促进发展三方面来提升农村中小学教师信息化教学能力的策略。

谭伟红，金凤（2016 年）认为，提高教师信息化教学能力的策略的保障是政策，中心是培养内容，路径是培训方式，支撑是教师能力测评。

闫志俊（2016 年）认为，应通过加大软硬件投入和采取多种培训形式，来提升教师信息化教学能力。

陈晓兰（2017 年）认为，提升教师信息化教学能力的策略为：强化教学理念、注重专题培训、完善激励机制、构建教研合作共同体、创建特色教学环境。

李国奇（2017 年）指出，提升教师信息化教学能力的策略为：整合信息技术教育资源、搭建网络共享平台、教师要提高信息素养、探索教育技术与学科课程整合新模式。

（5）信息化教学能力的综述研究

赵健（2010 年）通过梳理国内外文献，对全球教育教学改革总体情况、信息化教学能力的发展历程、培养信息化教学能力的途径三个方面内容进行了分析和阐述。

吴刚（2015 年）在对教学能力、教师信息化教学能力等概念进行分析的基础上，从教师信息化教学能力的内涵、发展阶段、存在的问题等方面进行了综述分析。

总体来说，2014 年及以前对教师信息化教学能力研究的论文较少，2015 年以后论文激增，说明教育信息化势不可挡，对它的研究已经进入白热化阶段。

3.2.3 总结

通过对教师信息化教学能力进行国内外研究现状分析，我们发现，世界各国已经认识到了教育信息化以及提升教师信息化教学能力的重要性，制定了相关标准，实施了相关项目，并开展了大量研究。总体形势较好，但仔细梳理还会发现一些问题。

（1）研究领域较广，涉及教师信息化教学能力的内涵、发展阶段、培训模式、提升策略等，基本上都是从外部因素出发来研究问题，教师自身的内在因素涉及很少，研究的深度和广度不够。

（2）研究对象繁杂，包括高职教师、中学教师、小学教师、职前教师、幼儿教师等，尤其是 2017 年，以高职教师教育信息化能力研究为主，研究对象以英语教师为主，对中学数学教师信息化教学能力的研究实属凤毛麟角。

（3）研究重心倾向于显性指标如专业知识、培训等，对实质性问题（如何提高教师信息素养等）关注不够，在发展与策略提升中，学校文化和制度建立的支持方面没有给予足够的重视。

（4）综合相关研究文献，我们发现，对信息化教学能力的微观研究即具体到某一地区的研究很少，对吉林省东南部地区中学教师信息化教学能力的研究成果少之又少，只有张志杰（2017年）对吉林省东南部山区的中学英语教师信息化教学能力进行了调查研究。对某一地区学科任课教师的信息化教学能力进行研究具有独特价值，吉林省东南部地区亦不例外，只有对该地区中学数学教师信息化教学能力的发展进行理论研究，并将理论应用于实践，才能推动该地区教育信息化的发展。

3.3 研究的目的和意义

3.3.1 研究的目的

在新课程改革环境下，对吉林省东南部地区中学数学教师信息化教学能力的现状进行调查，调查过程中使用了问卷调查法、访谈法和课堂观察法。对调查数据统计分析发现，吉林省东南部地区中学数学教师的信息化教学能力存在很多问题，需要具体问题具体分体，找出相应的提升措施，这也是本研究的主旨。笔者所在学校是吉林省东南部地区唯一一所为地区培养基础教育师资的本科院校，笔者有责任有义务对此方面进行研究，研究成果可为地区中学数学教师提供一些借鉴，并在本校人才培养中渗透研究的理念，在师范生入职前就打好信息化教学的基础。

3.3.2 研究的意义

（1）理论意义

国家提倡各级各类中学实行信息化教学，出台的相关政策只是从宏观上进行指导，具有普遍的指导意义，没有关于具体某一学科的详细指导意见和相关规定，导致教育领域对教师信息化教学能力的研究针对的是全部学科，针对具体学科的很少，根本不能解决具体学科教师在应用信息技术时遇到的问题。所以对吉林省东南部地区中学数学教师的信息化教学能力进行研究，可以在国家宏观调控下，在微观层面找准影响中学数学教师信息化教学能力提升的症结所在，从制度层面，领导层面，技术层面加以解决。将实际教学中遇到的问题加以总结研究，相关成果能填补吉林省东南部地区中学数学教师信息化教学能力研究的空缺。

本研究着眼于教育信息化的背景，研究的成果可以为信息化背景下的中学数学教师信息化教学能力提升、高师院校服务地方基础教育信息化建设提供政策参考。①通过本研究，创建高师院校与地方中学合作的新模式，促进高师院校、教育行政主管部门与地方中学的深度合作，为相关学者的深入研究提供现象及数据依据，为地方高师院校数学师资人才培养改革提供依据，丰富中学数学教育的相关理论，提高地方高师院校服务基础教育的能力与水平。②通过本研究，得到的相关研究成果对于吉林省东南部地区中学数学教师信息化教学水平提升将会产生极大的影响，并最终促进该地区中学数学教学的内涵发展。③通过本研究，可以引起地区教育部门的注意，进而加强对地区中学数学教育师资的培养、培训及管理，提高地区中学教育教学的质量。

（2）实践意义

吉林省东南部地区属于偏远山区，国家对该地区的重视程度、投资力度逐年增加，地区经济发展迅速，基础教育呈现出日新月异的面貌。教育硬件设施配备越来越齐全，信息化教学的物质基础相对齐备。但是，同较好的硬件设备形成鲜明对比的是教师的信息化教学能力远远落后，50%的教师只能称得上是基本具备使用信息技术的能力。要想真正发挥所有信息化教学设备的作用，就需要全面提升教师的信息化教学能力。绝大部分中学数学教师面临的困境是做不到将信息技术和数学课程、数学教学无缝结合，产生这种现象的原因有三个，一是没有可供参考的已有理论；二是数学学科性质的狭隘性；三是教师的内在动力不足。要想改变这一现状，就需要对吉林省东南部地区中学数学教师的信息化教学能力有一个全面的了解，然后针对具体问题，提出解决对策。理论研究源于实践，反过来指导实践并在实践中得到检验，所以本研究正是利用这一最佳契机，做好基础理论研究后，将研究成果应用于中学数学教学实践，具有一定的实践意义。将这一理论应用于地方高师院校数学与应用数学专业人才培养过程，提高地方高师院校数学与应用数学专业人才培养质量，为免费师范生及本专业其他学生教师技能的提高、人才培养方案的进一步完善修订提供现实的依据，进而为吉林省东南部地区、全省乃至全国的基础教育输送更好的师资。

3.4　研究的问题

主要内容：

（1）调查了吉林省东南部地区中学数学教师信息化教学能力的现状，包括教师的基本情况和教学状态。

（2）找到影响地区中学数学教师信息化教学实施及其能力发展的主要因素，对调查数据进行统计分析。

（3）找出了提升吉林省东南部地区中学数学教师信息化教学能力的策略，针对地区中学数学信息化教学发展的特殊性，从教师、学校、培训三个层面探寻合理的解决措施，促进地区中学数学教师信息化教学能力的提升。

（4）总结研究结论并对研究进行了展望。

图3-3是本研究的框架结构，层级式分析了研究思路。

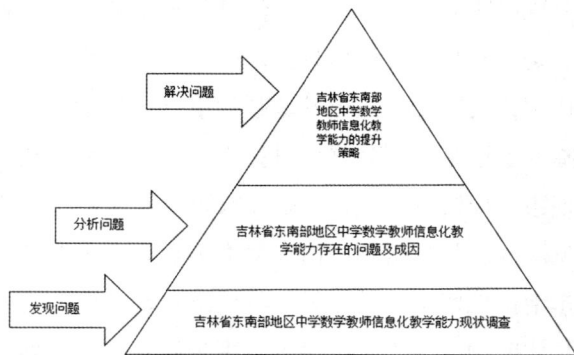

图3-3　研究框架结构

第 4 章

DISIZHANG

吉林省东南部地区中学数学教师信息化教学能力调查

4.1　中学数学教师信息化教学能力调查问卷的设计与实施

4.1.1　研究的思路

以吉林省东南部地区中学数学教师为研究对象，问卷调查对象选定为2017 年 10 月参加吉林省东南部地区中学数学骨干教师培训的教师，同时在吉林省东南部通化地区选择 10 所中学作为实验校，进行实地调研并展开研究。本研究在不同的研究步骤采用了不同的研究方法。在查阅文献、收集整理资料阶段，撰写论文、撰写研究报告、编纂著作的过程中均使用了文献法。在选定研究对象，进行问卷调查，以及到具体学校进行实地调研时，采用了访谈法和课堂观察法。将调查结果收集整理时，使用了统计分析法。基本研究思路是：提出问题后，进行文献述评，提出研究思路和研究方法，再进行具体操作。研究整体结构框架如图 4－1 表示。

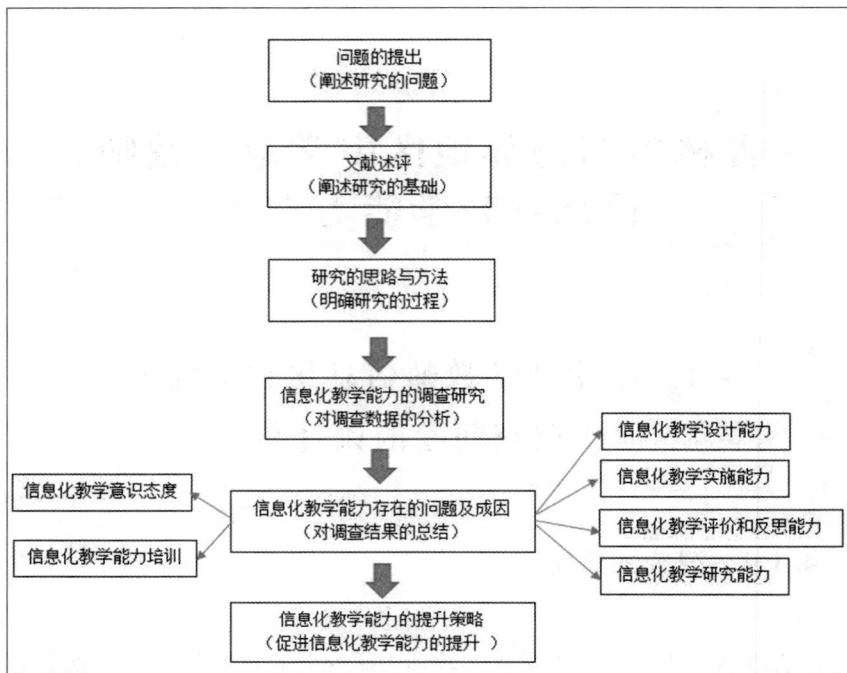

图 4 −1 　研究整体结构框架

4.1.2　调查对象与目的

本次问卷调查于 2017 年 10 月进行，选取的调查对象是参加吉林省东南部地区中学数学骨干教师培训的教师（因为参加培训的数学教师来自吉林省东南部地区的各级各类中学，调查对象比较全面，尽量具有代表性）。本次调查共发放调查问卷 165 份，回收 155 份，其中无效问卷 5 份，有效问卷 150 份，有效率达到 90.9%，说明本次调查具有可操作性。

在上一章我们提到了用中国知网（CNKI）期刊全文数据库对有关"教师信息化教学能力"的论文进行了梳理，其中，关于"教师信息化教学能力的内涵""教师信息化教学能力存在的问题""教师信息化教学能力的提升策略"的成果在 2015 年以后剧增，但研究欠缺之处很多，以往研究取样较多的是发达地区的中学数学教师，因为发达地区各方面条件比较成熟，能为理论研究提供更充分的材料。而对偏远山区的研究少之又少，这为本研究提供了缺口。本次问卷调查结果的数据录入和数据整理均使用 SPSS 20.0 统计软件和 Excel 2007 进行处理。

4.1.3 问卷结构与设计

调查问卷是根据我国教育部 2014 年颁布的《中小学教师教育技术标准（试行）》，结合美国《面向所有教师的技术基础标准》的一些指标，参考相关研究中给出的调查问卷，自编了《吉林省东南部地区中学数学教师信息化教学能力现状调查问卷》。问卷初始形成时，为了保证所提问题的准确性，请教了本校专门从事数学教法教学的专家学者，按照专业的关于调查问卷问题设置和编制的原则，将所选问题进行反复筛选，再到多家中学请教工作在教学一线的高级教师进行评定，比较完善的调查问卷最终出炉，共设置了 50 个问题。维度涉及吉林省东南部地区中学数学教师信息化教学的教学意识与态度、教学设计能力、教学实施能力、教学评价和反思能力、教学研究能力和教学能力培训。为了进一步测量问卷的结构效度，保证问卷的稳定性，做了问卷的信度分析，α 系数值为 0.821，系数介于 0.8 和 0.9 之间，非常好。

4.2 吉林省东南部地区中学数学教师信息化教学能力现状调查

4.2.1 中学数学教师基本情况

本部分共选了中学数学教师的六方面基本情况。

①性别：男、女；

②年龄：24~30 岁、31~35 岁、36~40 岁、41~45 岁；

③教龄：5 年以下、6～10 年、11～15 年、16 年以上；

④学历：专科、本科、研究生；

⑤受教育类型：师范类、非师范类；

⑥个人拥有计算机情况。

（1）教师的性别比例情况

在图 4－2 中，参与此次调查的男教师占比 20%，女教师占比 80%。女教师的人数明显占优势。这也说明一个问题，就是在中学数学教学领域，绝大部分是女教师，男教师很少，这是由男女性格差异和教师的职业性质决定的。

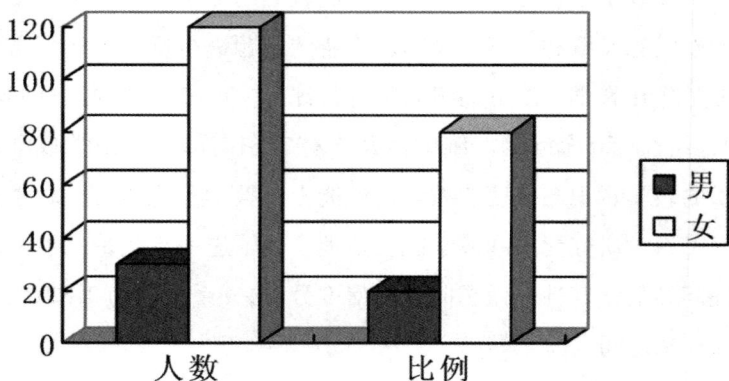

图 4－2　性别情况

（2）教师的年龄比例情况

图 4－3 显示了参加此次调查的中学数学教师的年龄分布状况。其中 24～30 岁年龄段的教师为 84 人，占比 56%，年龄段在 31～35 岁的教师为 38 人，占总人数的 25.3%，36～40 岁年龄段的教师为 22 人，占比 14.7%，年龄段在 41～45 岁的教师为 6 人，占总人数的 4%。可见，目前吉林省东南部地区各中学数学学科骨干教师队伍偏年轻。本次骨干教师培训只选定了 24～45 岁的教师为中学数学骨干教师，参与调查的教师中，

24 ～ 35 岁的中学数学教师占总人数的 81.3%，这也说明了中青年教师是中学数学教师队伍的重要组成部分，他们积极进取，斗志昂扬，在中学数学这片天地埋头苦干，默默奉献，正是有了他们的支撑，吉林省东南部地区的中学数学教育才能够蓬勃发展。

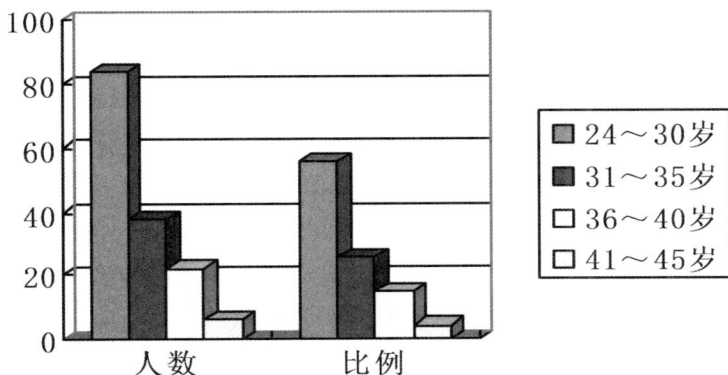

图 4 - 3　年龄分布情况

（3）教龄分布情况

参与此次调查的中学数学教师教龄时间短的偏多，教龄在 5 年以下的有 72 人，占比 48%；教龄为 6 ～ 10 年的有 40 人，占比 26.7%；教龄为 11 ～ 15 年的有 21 人，占样本总数的 14%；教龄在 16 年以上的有 17 人，占样本总数的 11.3%（图 4 - 4）。通过数据分析可以看出，教龄在 10 年以内的中学数学教师人数占总调查对象人数的 74.7%。这同教师的年龄分布是相对应的，骨干教师基本都是年轻教师，年龄小，教龄低。而且这些年轻教师接受新知识、新技术能力极强，在信息技术和数学课程整合方面能够做得又快又好，自身信息化教学能力、水平提升快，在他们的带动下，本校全体中学数学教师的信息化教学水平以至于整个地区中学数学教师的信息化教学水平都会有所提升。

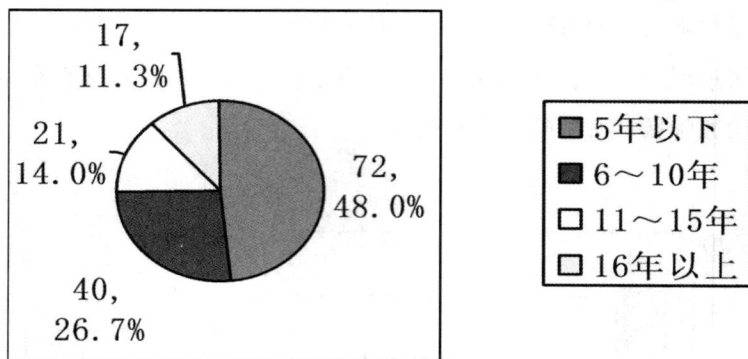

图 4 - 4　教龄分布情况

（4）学历比例情况

图 4 - 5 是参与本次调查的中学数学教师学历比例分布情况。其中具有本科学历的中学数学教师为 116 人，占总样本人数的 77.3%；具有研究生学历的中学数学教师为 28 人，占总样本人数的 18.7%；具有专科学历的中学数学教师为 6 人，占比 4%。可见，吉林省东南部地区中学数学教师整体学历较之以前，结构明显趋于合理，随着国家对中学教育的重视程度的增加，中学教育的师资结构会越来越合理，教师学历整体水平会不断提高。中学数学教学师资学历整体水平较高，基本达到本科及以上，这也是实现教育信息化、教育现代化的基本条件。

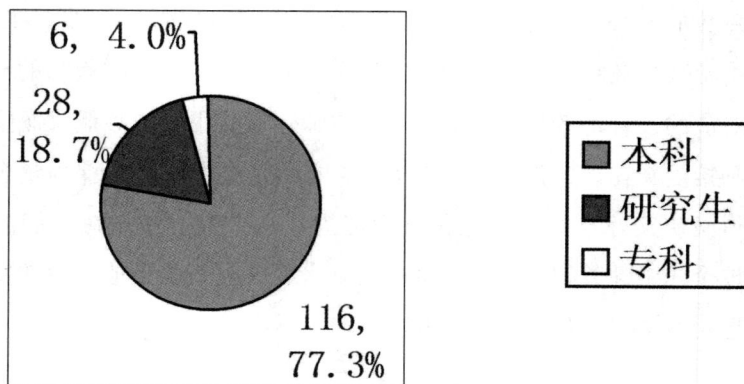

图 4 - 5　学历情况

（5）受教育类型比例情况

吉林省东南部地区中学数学教师基本上来源于吉林省各师范类高校培养的本科生和研究生，非师范类高校毕业生很少。参与本次调查的中学数学教师中，毕业于师范院校的师范类毕业生为 137 人，占比 91.3%；毕业于非师范院校的非师范类毕业生为 13 人，占总样本人数的 8.7%；对图 4-6 分析说明，目前吉林省东南部地区中学数学教师绝大多数接受过专业的学习和训练，完全能够胜任本职工作。

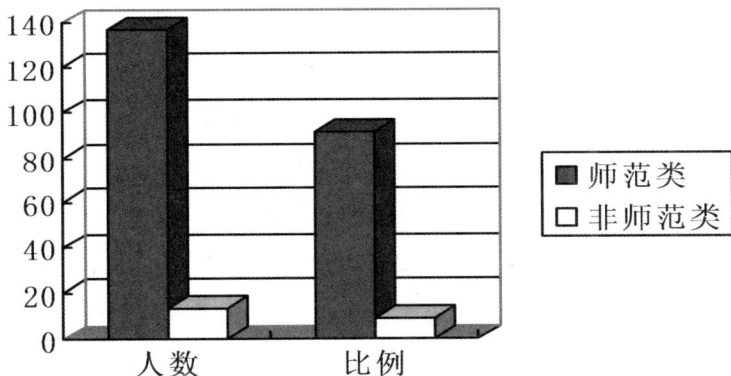

图 4-6　受教育类型

（6）个人拥有计算机情况

参与本次调查的中学数学教师中，有 147 人自己拥有计算机（包括台式电脑和手提电脑），占比 98%；只有 3 人没有电脑（据了解，这三人家庭条件困难，单位配备电脑），占总样本人数的 2%。表 4-1 数据说明，吉林省东南部地区中学数学教师的个人计算机拥有情况很好，具有进行信息化教学的基本条件，他们可以在工作之余，利用信息技术自行制作多媒体课件、使用超级画板作图、使用录屏软件制作微课等。

表 4 −1　教师个人拥有计算机情况

个人有无计算机	有	无	总计
人数	147	3	150
比例（％）	98.0	2.0	100.0

4.2.2　中学数学教师信息化教学意识和态度

中学数学教师是中学数学信息化教学的具体执行者和实践者，数学教师是否具有信息化教学意识，信息化教学态度是否端正，直接影响着中学数学课程与信息技术的整合，对教师自身的信息化教学水平的提高、信息化教学能力的培养也有着重要影响。只有中学数学教师认识到培养信息化教学能力的重要性，才能积极主动地运用信息技术，不断提高自己的信息化教学水平。所以说，中学数学教师具有正确的信息化教学意识、信息化教学态度很重要。本研究就此问题进行了调查。

（1）对信息技术标准、数学课程标准的了解情况

本次调查只选取了比较有代表性的《中小学教师教育技术标准（试行）》作为技术标准，《普通高中数学课程标准》作为课程标准，在参加培训的中学数学骨干教师中进行调查。发现二者之间存在一定差异。

表 4 −2 是对《中小学教师教育技术标准（试行）》进行调查的结果，参与调查的中学数学教师中，选择非常了解的只有 14 人，占总样本人数的 9.3％；有 24 人选择比较了解，占总样本人数的 16％；而选择不了解和基本了解的人数高达 46 人、66 人，占总样本人数的 30.7％和 44％。从统计数据中我们可以看出，目前吉林省东南部地区中学数学教师对《中小学教师教育技术标准（试行）》了解的人数比例较小，大多数中学数学教师不够了解。这也从另一个层面说明了《中小学教师教育技术标准（试行）》是一个宏观性的、全局性的指导文件，并没有针对具体的学科。但从调查结果来看，这种现象不容乐观，如果大部分中学数学教师不了解将信息技术同中学数学课程进行整合的标准，他们的信息化教学就失去了理

论依据，使用信息技术容易把握不住方向。

　　研究中对《普通高中数学课程标准》的调查，主要选取了数学课程标准中有关信息化教学部分的内容。这个调查结果明显好于对《中小学教师教育技术标准（试行）》的调查，参与调查的中学数学教师中选择非常了解的为 30 人，占总样本人数的 20%；有 39 人选择比较了解，占总样本人数的 26%；选择不了解和基本了解的人数为 30 人、51 人，占总样本人数的 20% 和 34%。其中，选择不了解的人数占比要比对《中小学教师教育技术标准（试行）》调查中选择不了解的人数占比低 10.7 个百分点，选择非常了解和比较了解的人数占比要比对《中小学教师教育技术标准（试行）》调查中选择非常了解和比较了解的人数占比各高 10 个和 10.7 个百分点。这个调查结果一方面说明《普通高中数学课程标准》是针对高中数学教师量身定做的专业标准，具有很强的实用性，更符合中学数学教师教学需要；另一方面也说明吉林省东南部地区中学数学教师从主观上更愿意了解自己从事专业领域内的标准和要求。

表 4 - 2　对信息技术标准、数学课程标准的了解程度

	不了解		基本了解		比较了解		非常了解	
	人数	比例（%）	人数	比例（%）	人数	比例（%）	人数	比例（%）
《中小学教师教育技术标准（试行）》	46	30.7	66	44.0	24	16.0	14	9.3
《普通高中数学课程标准》	30	20.0	51	34.0	39	26.0	30	20.0

　　（2）对信息化教学能力的理解

　　人类的理解能力是随着年龄增长而不断发生变化的。对信息化教学能力的理解也是如此。在吉林省东南部地区中学数学教师中，不同职称级别、不同教学经历的教师对信息化教学能力的理解是不同的。刚参加工作几年，没有参加过职称评审的教师除了进行日常数学教学外，基本没有进

行过课题研究和论文撰写，对教学评价、教学反思、教学研究的了解不够深入。所以，在调查中我们发现，有13位教师（未评定职称）认为信息化教学能力仅包括两个方面：信息化教学设计能力和信息化教学实施能力。而已经评定职称的教师，中教特级教师、中教一级教师和中教二级教师对信息化教学能力所包含的4个子能力的理解明显合理。三种级别教师对信息化教学能力的理解也是同职称、阅历、教学经验紧密联系在一起的。他们的理解程度顺序是：中教特级教师＞中教一级教师＞中教二级教师。被调查的25名中学高级教师，对信息化教学能力4个子能力的认可程度一致，都在60%～70%之间。但这只是在认识4个子能力方面的差异，在实践操作方面，年轻教师更有优势，他们对信息技术的应用接受较快，信息化教学能力提升较快，对信息化教学能力的认识比较到位。

（3）对信息化教学的兴趣及其重要性的认识

在对教师掌握信息化教学能力重要性进行调查时，有30.6%的中学数学教师认为非常重要，有62.7%的中学数学教师认为比较重要，认为不太重要的教师只占6.7%，没有认为不重要的。而对于"运用信息技术进行教学的兴趣"这个问题的调查结果是，有28.5%的中学数学教师对运用信息技术进行教学非常有兴趣，65.3%的中学数学教师对运用信息技术进行教学比较有兴趣，对运用教学技术不太有兴趣和完全没兴趣的中学数学教师只占3.5%和2.7%。对"采用信息技术对于课堂质量的提高效果是否明显"的调查数据显示，中学数学教师中认为信息技术能明显提高课堂质量的占67.1%。这说明中学数学教师对在数学教学中应用信息技术是认可的，而且是有利于教学的。

对"信息技术的使用是否会使数学教师过度依赖多媒体而失去原有技能"这一问题（表4-3），认为比较有可能和不太有可能的比例差不多，都是百分之四十几，而认为完全没作用和非常有可能的只有14%，说明这个问题在中学数学教师中是一个有争议的问题，至于哪一方胜，还要看信息化教学的实现程度和教师的认可程度。

表 4-3　过度依赖而失去原有技能

		频率	比例（%）
有效	完全没作用	5	3.3
	不太可能	63	42.0
	比较有可能	66	44.0
	非常有可能	16	10.7
	合计	150	100.0

4.2.3　中学数学教师信息化教学设计能力

（1）教师对信息化教学资源的获取和开发

获取和开发信息化教学资源的能力是中学数学教师进行信息化教学必须具备的能力。中学数学教师获取信息资源的途径很多（表 4-4），可以上网免费下载，可以自己制作，可以购买，还可以分享同事已经做好的。通过调查发现，中学数学教师中，从网络上下载免费信息资源的高达 46.7%，自己制作多媒体课件的有 30 人，占总样本人数的 20%，使用远程教育资源库和与同事共享的各占 12.6% 和 14%。以上无论是教师免费下载的、使用远程资源库的、和同事共享的，还是教师利用信息技术，根据教学需要自己制作的，这些方式都是免费获取资源的方式。愿意自己花钱购买信息资源的只占 6.7%。国家、地区教育主管部门和学校应该加大投入力度，为中学数学教师提供更多的免费信息资源。

表 4-4　获得信息化教学资源的途径（多选）

		人数	比例（%）
获得信息化教学资源的途径	自己制作	30	20.0
	自己购买	10	6.7
	远程教育资源库	19	12.6
	网上免费下载	70	46.7
	与同事共享	21	14.0
总计		150	100.0

（2）学生主体地位的发挥和课堂情境的创设情况

课堂情境的创设情况对学生主体地位的发挥有着重要影响，中学数学教师中，绝大多数教师比较重视学生的主体地位，他们的课堂教学情境创设是围绕学生的主体地位进行的，但是课堂教学情境创设的效果如何，学生的主体地位有没有得到充分发挥是一个值得商榷的问题。图4－7显示的调查结果中，中学数学教师在创设信息化课堂教学情境时非常重视学生主体地位发挥的占11.2%，比较重视的占83%，不重视的只占5.8%。认为自己做得较好的占31.1%，做得还可以的占62.3%，做得不好的占6.6%，这说明吉林省东南部地区中学数学教师在重视学生主体地位发挥这方面做得还是很好的，虽然也有一少部分教师做得不好，但整体趋势很好。

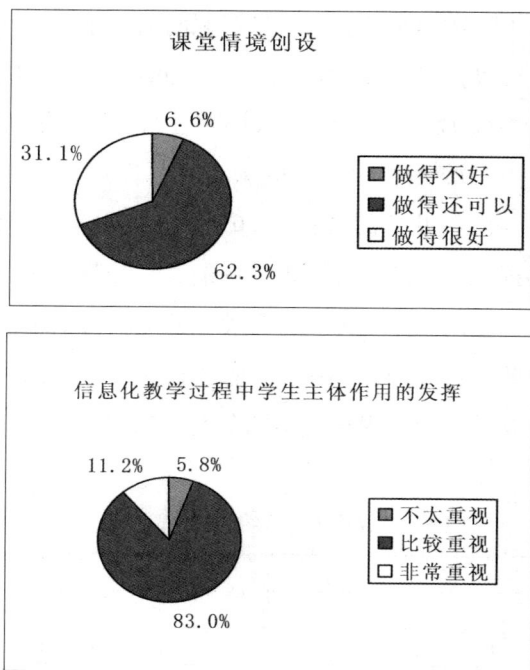

图4－7　学生主体地位发挥和课堂教学情境创设情况对比图

（3）信息化教学设计的优点及存在的主要问题

信息化教学设计有很多优点，确实对中学数学教学教与学的有效融合起到了积极的促进作用。对"信息化教学设计的优点"的调查结果显示，有47.8%的教师认为信息化的教学设计能够很好地创设学生需要的教学情境，学生在这样的情境中学习，学习兴趣得到极大激发，各种信息技术的应用既丰富了教师教学的手段，也在一定程度上提高了教学效率，使用信息技术效果很好。剩余的50.6%的中学数学教师认为信息技术可以辅助教学，可以开阔学生视野，锻炼学生思维，培养学生学习能力。所有的参与调查的中学数学教师都看到了信息技术的重要性，看到了信息技术给中学数学教学带来的新变化，十分赞同对中学数学教学进行信息化教学设计。

对于"信息化教学设计过程中存在的主要问题"这一问题，参与调查的教师们各执己见。有的认为运用信息技术手段进行教学设计比较浪费时间，作品和专业人士做出来的差距较大，付出诸多辛苦劳动换来的成果不尽如人意，持这种观点的中学数学教师占总样本人数的40.8%；有的教师认为使用多媒体课件教学，授课进度太快，学生接受起来困难，持这种观点的中学数学教师占总样本人数的36.5%；还有17.2%的教师认为信息化教学中学生的参与度小，师生互动性差。参与调查的教师们虽然观点不同，却足以说明信息化教学设计还是存在一些问题的，信息技术在同中学数学课程整合过程中一定会出现很多问题，需要我们及时找到解决办法，引导其朝着有利的方向发展。

4.2.4　中学数学教师信息化教学实施能力

（1）数学教师使用常用信息技术工具的能力

如表4-5所示，中学数学教师要全面提高自己的信息化教学实施能力，必须具备使用常用信息技术工具的能力。常用信息技术工具包括Word、WPS 等文字处理软件，Excel 等数据处理软件，Powerpoint、Authorware 等课件制作软件，几何画板、超级画板等作图软件，Mathematica、Maple、Matlab 等专业数学软件，百度、Google 等常用搜索引擎，迅雷、网际快车等下载软件，杀毒软件、防火墙等安全管理软件，飞信、微信等网络通信软件，BBS、博客、微博等网络信息发布软件。通过调查我们看到，吉林省东南部地区中学数学教师对 Office 办公软件（Word、Excel、Powerpoint）掌握得很好，对使用迅雷下载、杀毒软件杀毒、微信聊天等掌握得也不错，已经具备了一定的信息化教学技术基础和基本能力。但对数学专业使用的 Mathematica、Maple、Matlab、几何画板、超级画板不太熟悉，分别占 66.6%、40.5% 和 45.1%。因此，中学数学教师要加强专业软件的学习力度，本书在第 2 章第四部分专门介绍了用数学软件进行代数运算，用几何软件作图的内容。希望能对中学数学教师使用专业软件有所帮助。只有吉林省东南部地区中学数学教师整体信息化水平提高了，才能在教学中指导学生信息化学习，引导学生运用信息技术解决数学学习中遇到的问题，参加如数学建模、科技大赛等应用信息技术的比赛，从实质上培养学生解决实际问题的能力。

表 4 - 5　数学教师使用常用信息技术工具的能力

	不熟悉（%）	一般（%）	较好掌握（%）	熟练掌握（%）
安装和卸载常用软件	3.3	10.1	18.6	69.0
使用百度、Google 等常用搜索引擎	3.1	10.8	26.5	59.6
用迅雷、网际快车等下载文件	3.3	27.5	13.6	55.6
使用杀毒软件、防火墙等安全管理软件	15.9	19.8	12.9	51.4
使用飞信、微信等网络通信软件	17.2	17.2	21.9	43.7
使用 BBS、博客、微博等网络信息发布软件	23.8	12.7	39.0	24.5
使用 Word、WPS 等文字处理软件	7.2	25.1	22.5	45.2
使用 Excel 等数据处理软件	16.6	22.5	26.4	34.5
用 Powerpoint 制作课件	3.1	24.3	40.9	31.7
用 Authorware 制作课件	48.0	30.0	18.8	3.2
用 Flash 制作动画	41.6	39.0	16.1	3.3
使用公式编辑器	7.2	14.2	38.6	40.1
使用几何画板、超级画板	45.1	31.3	16.6	7.0
使用科学计算软件 Mathematica	40.5	25.1	22.5	11.9
使用数学软件 Maple、Matlab	66.6	7.0	23.0	3.4

（2）信息技术与数学教学整合的能力

信息技术作为新兴事物出现在数学教学中，给中学数学教师以全新的感觉，他们想用信息技术进行一切创新。在对信息技术与数学教学整合的能力的调查中，有71.7%的教师认为要想将信息技术引入传统教学，必须将信息技术与数学教学整合，营造全新的教学环境，采用全新的教学手段和教学方式。还有22.3%的教师认为，中学数学教学可以使用信息技术，但是它只能发挥对传统教学的辅助作用，辅助教师教学，辅助学生学习。只有6%的教师不太懂"什么是信息技术与数学教学整合"。综上，大部分中学数学教师对信息技术与数学教学整合的能力认识得比较到位，只需花以时日，找到信息技术与数学教学整合的契合点，就一定能将信息技术在中学数学教学中进一步推广和使用。

（3）使用交互式电子白板教学的优缺点

电子白板是继"黑板投影仪幕布"后出现的新型教学辅助工具。电子白板使用方便快捷，交互性强，教师在教学过程中自由空间大。但它在使用过程中容易出现故障，影响教学效果。所以，有92%的中学数学教师不建议使用电子白板，使用传统的"黑板投影仪幕布"比较好。

4.2.5　中学数学教师信息化教学评价和反思能力

（1）信息化教学评价能力

教学评价是对学生学习效果的评定方式，传统的中学数学教学主要采用日常作业、小测验、随堂表现等方式。信息技术进入中学数学教学后，新的教学评价方式应运而生，既包括QQ、微博、微信考核，又可以建立学生成长电子档案袋，还可以制作评价量规。调查发现（表4-6），83.3%的中学数学教师使用传统的教学评价方式，采用信息化教学评价方式的只占16.7%。可见，吉林省东南部地区中学数学教师对信息化教学评价方式的接受程度不高，他们的信息化教学评价能力有待提高。

表 4-6   评价学生方式表（多选）

		人数	比例（%）
评价学生 的方式	测验	22	14.7
	作业	80	53.3
	学生课堂表现	23	15.3
	网上收集数据	4	2.7
	制作评价量规	5	3.3
	建立成长电子档案袋	16	10.7
总计		150	100.0

　　教师自我评价是教学评价的重要组成部分。针对"教师对自己信息化教学技能的评价"这一问题，参加调查的中学数学教师中有 62.3% 的认为自己信息化教学技能很好，以年轻教师偏多。有 35.4% 的中学数学教师认为自己信息化教学技能一般，只有 2.3% 的教师认为自己信息化教学技能不好。认为自己教学技能很好的中学数学教师占比较大，但认为一般的达到 35.4% 也不是一个小数字，说明吉林省东南部地区中学数学教师的教学技能有待提高。

　　学校评价也是教学评价的一部分。学校评价包括：学生的考试成绩、教师日常工作表现、学生的评价、家长的评价、同事的评价、领导的评价等多种因素（表 4-7）。各个具体评价指标都有自己的标准，这些指标组合在一起，评价方式不够人性化，需要进一步完善，教师们不太认同这一评价体系。这可以通过调查结果体现出来，学生的考试成绩、教师日常工作表现、学生的评价均占 20% 以上，同事的评价次之，家长的评价和领导的评价都在 6% 附近。这些比例也说明调查问卷在设置时稍有不妥，在以后的调查研究中需要改进。

表 4 -7　学校评价教师信息化教学的依据（多选）

		人数	比例（%）
学校评价教师信息化教学能力的主要依据	学生的考试成绩	34	22.7
	教师日常工作表现	37	24.7
	学生的评价	32	21.3
	家长的评价	9	6.0
	同事的评价	28	18.7
	领导的评价	10	6.7
总计		150	100.0

（2）信息化教学反思能力

教学反思是促进教师能力提升的有效手段。但在实际教学中，真正愿意进行反思的教师不多。尤其是信息化教学中，信息技术的应用，需要教师不断进行教学反思，找到信息技术与教师教学、学生学习的最佳结合模式。教师教学反思的方式有：反思日志、对比优秀教学案例、观摩教学录像、分析学生作业、与同事交流（表 4 -8）。采取分析学生作业和与同事交流进行反思的中学数学教师分别为 56 人、51 人，占比为 37.8% 和 34.0%，其他三种反思方式都在 10% 左右。可见，吉林省东南部地区中学数学教师信息化教学反思能力较差，不利于信息化教学的顺利开展。

表 4 -8　反思教学中存在问题的方式（多选）

		人数	比例（%）
反思教学中存在问题的方式	反思日志	16	10.5
	分析学生作业	56	37.8
	同事交流	51	34.0
	对比优秀教学范例	14	9.6
	观摩教学录像	13	8.1
总计		150	100.0

　　教龄较长的老教师教学经验丰富，在教学反思时会考虑多方面因素，所以在回答"是否根据学生的理解接受情况对教学进行调整"这一问题时，教龄在 11 年以上的老教师基本上都选择了"完全同意"，选择"比较同意"的很少。年轻教师由于阅历浅，教学经验少，教学反思进行得不好，选择"完全同意"和"比较同意"的多。数学教师由学科性质决定的，一般比较严谨，很少与人交流教学心得体会，所以对"是否经常在博客、空间等发表教学心得和体会"这一问题，参加调查的教师基本持否定态度。这是吉林省东南部地区中学数学教师需要改进的地方，只有广泛地与同行交流、广开言路，不断进行反思，解决教学中遇到的问题，才能进步，才能在教学上有所建树。

4.2.6　中学数学教师信息化教学研究能力

　　信息化教学研究能力的提升有很多种途径，可以通过与专业人士交流提升，课程开发提升，还可以通过完成教学研究项目、撰写教研论文、参加教研活动提升。与同事、同行或专家交流的方式大体上有四种：教研活动、日常面对面交流、网络同步交流（QQ、飞信、微信）和网络异步交流（E – mail、论坛、博客）。根据表 4 – 9 显示的数据，93.7% 的中学数学教师喜欢传统的交流方式，而对网络教研兴趣缺缺，使用网络同步交流和网络异步交流的不到 10%，这种观念不利于他们信息化教学研究能力的提升。对于"参加教研的次数和方式"这一问题，43.2% 的中学数学教师表示经常参加常规教研，以网络教研为主的中学数学教师占 38.3%，有 15.7% 的中学数学教师很少参加教研，甚至有 2.8% 的教师从不参加教研活动。吉林省东南部各级各类中学应该关注数学教师的教研活动，积极创造条件，调动数学教师参与教研的积极性。全体中学数学教师也应该更新观念，改变意识，将传统与信息化相结合，充分发挥现代信息技术在教学研究中的作用，不断促进自身教研能力的提升。

表 4 - 9　与同事、同行或专家交流的方式

		人数	比例（%）
与同事、 同行或专家 交流的方式	教研活动	79	52.8
	日常面对面交流	61	40.9
	网络同步交流 （QQ、飞信、微信）	6	3.9
	网络异步交流 （E - mail、论坛、博客）	4	2.4
合　计		150	100.0

　　校本课程的开发是中学数学教师提升教研能力的有效途径，校本课程是依据本校校情、学情开发的符合本校教学规律的教材及辅助资料。中学数学教师只有经过认真思考、总结、反思，才能完成校本教材的编写工作，才能深入开发校本实践课程。在对"是否参与了校本课程开发"调查时发现，69%的中学数学教师没有参与过校本课程的开发，只有31%的参与过校本课程的开发。吉林省东南部地区中学数学教师应该积极参与校本课程的开发，在开发过程中锻炼自己、提高自己，为地区的教育信息化贡献力量。

4.2.7　中学数学教师信息化教学能力培训

　　目前，培训是各级各类中学提高教师信息化教学能力的主要方式，在对"参加信息化教学能力培训的主要原因"这一问题进行调查时发现，中学数学教师参加培训的目的有一半不是提升自身信息化教学水平，他们中有7.9%为了评职称和评优，有28.6%是被强制参加的，还有8.7%的教师是为了与专家交流。虽然这不是他们的主观意愿，被动学习效果不见得太好，但也去学习了，对他们自身还是有益的。另外50.3%的中学数学教师确实是为了提升自身教师信息化教学能力去参加培训的，目标比较明确，学习的积极性和主动性高。

现在的培训往往是培训主办方事先决定培训内容，不管参加培训者是否喜欢。实际上，培训主办方应该尊重被培训者的意愿，在广泛调查的基础上，开设培训班，选择适合被培训者的内容进行培训。所以对"迫切希望的培训内容"进行调查时，参与调查的中学数学教师响应热烈，大家都热衷于软件的使用、信息技术与教学方法整合、采用信息技术教学的典型案例等，但对信息技术应用的基础理论感兴趣的人寥寥无几。

制约信息化教学能力培训的因素有很多（表4-10），包括：①领导不重视、不支持；②理论过多，与实践脱节，缺乏针对性；③教学任务重，无太多精力；④完全可以胜任，没必要参加；⑤培训时间安排不合理，总占用寒暑假等休息时间；⑥缺乏培训经费。在对这个问题进行调查时，有29.3%的人选择了"理论过多，与实践脱节"，这说明各类培训缺乏针对性，理论和实践不能紧密结合，导致培训效果不好，流于形式。在这六个影响因素中，第一个和第六个是学校层面的因素，第三个和第四个是教师自身因素，第二个和第五个是培训主办方的原因，可见，在培训问题上，各方都存在问题，需要各方努力克服困难，不断改进，推动信息化教学能力培训工作的健康有序发展。

表4-10　信息化教学能力培训的三个主要制约因素（多选）

		人数	比例（%）
培训制约因素	领导不重视、不支持	14	9.3
	理论过多，与实践脱节	44	29.3
	教学任务重，无太多精力	53	35.3
	完全可以胜任，没必要参加	9	6.0
	培训时间安排不合理	22	14.7
	缺乏培训经费	8	5.4
总计		150	100.0

第 5 章

DIWUZHANG

吉林省东南部地区中学数学教师信息化教学能力提升策略

通过上一章对吉林省东南部地区中学数学教师信息化教学能力的基本情况以及各个子能力进行统计分析发现，该地区中学数学教师的信息化教学能力存在一些问题，有学校层面的，还有教师自身层面的，透过这些问题，我们看到吉林省东南部地区中学数学教师的信息化教学能力有待提高，但要提高必须先找到产生这些问题的原因，在深刻剖析原因的基础上，才能有针对性地提出相应的解决措施。下文将在第一部分对产生问题的原因逐一阐述，第二部分与第一部分相对应，提出解决策略。

5.1 吉林省东南部地区中学数学教师信息化教学能力普遍存在的问题

5.1.1 教师层面的问题

（1）教师信息化教学的意识淡薄

吉林省东南部地区属于偏远山区，消息比较闭塞，与发达地区相比，信息化教学推行得较晚。而且城市中学和农村中学差距较大，互动性不理想，也就是各个学校基本上是市区范围内的学校互动，地区农村中学与农村中学互动，农村与城市携手共建学校的很少，达不到教育资源充分共享，没有一个从整体上实现全区域信息化教学的教育环境，农村中学数学教师信息化教学能力整体落后。当然，也不否认城市中学部分数学教师信息化教学能力低。通过对中学数学骨干教师调查,我们发现,有很多教师从思想上抵触信息技术的应用,他们喜欢墨守成规、不喜欢信息技术这一新鲜事物打破原来传统教学的平静局面。参与调查的既有农村中学的数学骨干教师,也有城市中学的骨干教师,从调查结果看,教龄较长的老教师普遍存在思想观念守旧的问题,他们不乐于接受新鲜事物,虽然他们也感受到了信息化教学给传统教学带来的新变化,但是他们思想比较保守,不想改变现状,认为现在这种教学方式很好,不改革创新,一样能培养出优秀人才。还有的教师因为不会使用信息技术而害怕使用它,所以在教学中绝不使用信息化教学手段。在调查中,年轻教师的表现较好,他们在大学阶段已经接受过信息化教学能力的训练,接触过各种计算机软件,会使用各种网络交流软件,他们对使用信息技术进行教学的态度是积极的,而且他们的思想活跃,学习新知识、新技术速度快,他们的信息化教学能力提升得很快。信息化教学固然有自己的不利方面,但是我们不能从思想意识上全盘否定它,要看到信息化教学更多的优势,对数学教学的推动作用。思想是行动的引领,吉林省东南部地区中学数学教师要改变观念,创新意识,真正地接纳信息化教学,不断提高信息化教学能力。

(2)教师的信息化教学设计和实施能力不强

吉林省东南部地区中学数学教师获取教学资源的方式主要是从网络上下载免费信息资源,或使用远程资源库的,或者和同事共享,他们更倾向于使用免费的资源和现有的资源,不愿意在现有基础上去开发新资源。即使有的中学数学教师会自制课件,但因其没有经过专业培训,自制的课件达不到理想的效果。绝大多数中学数学教师注重学生主体地位的发挥,他们会在设置课堂教学情境时考虑这一核心因素,但是很多时候实际达到的效果不太理想。还有部分教师自身具备的数学基本素质不高,信息化教学能力不足,不能熟练使用基本的数学软件进行作图和运算,严重阻碍了信息化教学的发展。将信息技术引入中学数学教学,利用多媒体进行授课,很多教师把握不好尺度,基本上用多媒体满堂授课,不顾学生实际感受,教学效果不好。所以说,对待信息化教学,要保持批判的态度,采用其有利的方面，摒弃其不利的方面，达到信息技术与中学数学教学的优化组合。

（3）教师的信息化教学评价和反思能力不足

吉林省东南部地区中学对学生的教学评价方式仍采用传统的日常作业、小测验、随堂表现等方式。对信息技术与教学评价整合的新成果如使用 QQ、微博、微信考核、建立学生成长电子档案袋等不予采用，他们对信息化教学评价方式的接受程度不高。教师自我评价较好的多是年轻教师，年老的教师自我评价较低，原因在于他们的思想保守，愿意使用传统教学，不愿创新。学校评价中，家长的评价和领导的评价所占比例特别低，说明吉林省东南部地区中学数学教师的教学评价体系急需完善，他们的信息化教学评价能力有待提高。中学数学教师在实际教学中，真正愿意进行反思的也不多。采取分析学生作业和与同事交流进行反思的中学数学教师相对多一些，而且他们很少与人交流教学心得体会，信息化教学反思能力较差，不利于信息化教学的顺利开展。

（4）教师的信息化教学研究氛围整体不浓

通过调查发现，吉林省东南部地区中学数学教师的教学研究能力整体不高，教研方式以日常教学研究、面对面交流、参与校本课程开发为主，实施网络教研的很少，教学研究氛围整体不浓。在中学，搞教研一方面是为了高级职称晋升，另一方面是为了打造学校特色，真正以提高教师自身能力为目的教学研究活动开展得较少，以信息技术为依托的教研活动更是寥寥无几。这种现象是不利于日常教学的，教师在教学中除了要更新观念，还要更新教学内容，丰富教学经验，以教研带动教学不失为一条很好的途径。

5.1.2　学校层面的问题

（1）领导对信息化教学的重视程度不够

吉林省东南部地区部分中学的领导对信息化教学的认识程度不够。学校领导要负责学校的整体规划，管理各方面事务，核心则是升学率，只有保证升学率，在同领域享有较好的声誉，才能保证学校的持续稳定发展。我们总是讨论素质教育，但是高考指挥棒下的各级各类中学还是把成绩作为重中之重。不管你是普通的黑板教学，还是引入信息技术的信息化教学，只要能提高学生成绩，能提高升学率，就是好的教学方式。从学校领导层面来说，信息化教学、教师信息化教学能力都要以升学率、高考上线率为轴，其他免谈，他们不太重视各学科同信息技术的融合，很少注重教师信息化教学能力的提升。

（2）信息化教学设备的利用率不高

教育部"三通工程"的实施，推动了吉林省东南部地区的信息化教学设备建设，目前在各级各类中学信息化教学设施基本配套完备，信息化教学资源丰富。本次调查的通化市第一中学、通钢第三中学、集安市第一中学、梅河口市湾龙中学都配有自己的多媒体教室、计算机机房。但在实际教学中，这些国家提供的信息技术条件，教师们的利用率极低。即使配有多媒体教室，教师授课时，一般还会采用传统的板书授课，他们认为这样有利于学生学习，能给学生留出思考时间，便于知识的吸收与转化。计算机机房的使用率更低，为了提高升学率，各级各类中学基本上把有效学习时间都用来授课或进行辅导，学生根本没有时间使用计算机进行实际操作，这是教育资源的一种浪费，希望能够引起重视。

（3）缺乏相应的信息化教学评价和考核激励机制

传统的教学评价和考核依据是学生的考试成绩，这是吉林省东南部地区各级各类中学仍在使用并广泛使用的考评方式。这种考评方式的弊端在于教师为了追求高成绩，日常工作就是钻研教材，精炼教学内容，想方设法寻找能够提高成绩的途径，根本不关心信息技术、信息化教学等，要想从总体上提高教师的信息化意识，需要从学校层面着手，学校在制定考评标准时，要将信息化教学纳入其中，无论是评职称，还是评优、评先进，都与信息化结合起来，将信息技术纳入考核评价体制，运用信息化考核机制对教师进行评价和考核，只有将信息化教学同教师的切身利益挂钩，才能引起教师的重视，真正意识到应该提升自身的信息化教学能力。

5.1.3　培训层面的问题

（1）信息化教学培训流于形式

据调查，目前中学数学教师信息化教学培训基本上由上级主管部门决定。培训时间、培训地点、参加人数、培训内容等各学校无权决定。这就注定了培训时间不见得合理，想参加培训的教师，如果课多，必须串课，不能串课只能失去培训机会。培训内容更是如此，上级主管部门选定培训内容时，一般不会咨询各级中学的意见，培训的内容往往和各个学校的实际不符，这就使得培训的内容缺乏针对性，理论和实践严重脱节，培训的意义不大。所以对"迫切希望的培训内容"进行调查时，参与调查的中学数学教师响应热烈，大家都热衷于软件的使用、信息技术与教学方法整合、采用信息技术教学的典型案例等，但对信息技术应用的基础理论感兴趣的人寥寥无几。实际上，培训主办方应该尊重被培训者的意愿，在广泛调查的基础上，开设培训班，选择适合被培训者的内容进行培训。

再有就是培训形式，据参与调查的数学教师反应，他们参加过的培训都是采用课堂教学方式，培训老师在上面讲，更为有意思的是，纯课堂讲授理论尚可，竟然连实际操作课也是老师用课件讲，被培训教师缺乏将理论和实践联系在一起的载体。这种培训形式没有考虑到被培训教师的具体情况，必然导致效果不佳。

（2）信息化教学的培训约束机制不健全

信息化教学的培训在管理方面也存在一定的问题，从培训开始到结束，被培训教师都处于自由、无政府状态，有没有真正学习，到底学会多少，能不能将所学真正所用，这不是培训主办方关心的问题。培训过程中，人员随意流动，无人管理，没有明确的约束机制。所有这些都说明，目前吉林省东南部地区中学数学教师的信息化教学培训约束评价机制不健全，需要在这方面加以改进。

5.2 提高吉林省东南部地区中学数学
教师信息化教学能力的措施

5.2.1 教师层面的措施

（1）增强教师的信息化教学意识

针对中学数学教师信息化教学意识不强的问题，可以通过以下三种途径来增强教师的信息化教学意识。第一，各级各类中学要充分重视信息化教学，在全校范围内开展关于信息化教学的专题活动，聘请专业人士对全体教师进行相关教学软件的培训，让教师们亲身体验到信息化教学的便捷。开展关于信息化教学的讨论活动，在全校掀起信息化教学思想大讨论，扩大信息化教学的影响范围。教师只有亲身体验了，接触多了，无形中在心中种下了信息化教学的种子，在实际教学中不断浇灌，才能生根发芽。第二，教育主管部门多开展关于信息技术与数学课程整合的竞赛、比赛、征文，比赛结果记入年终考核、职称评聘，激励中学数学教师积极主动参加比赛，应用信息技术。第三，开展新老互补活动，首先要发挥老教师的传帮带作用，将传统教学中丰富的教学经验传授给新教师，新教师在信息化教学方面更胜一筹，可以帮助老教师更快地熟悉信息技术，并使用它进行辅助教学。新老教师取长补短，共同发展，信息化教学意识都能得到明显提高。

（2）提高教师的信息化教学设计和实施能力

信息技术与中学数学教学整合是多方面的，但是无论如何整合，都不能脱离传统教学，不能因为引入了信息技术，就将传统教学完全舍弃，也不能为了保证传统教学的地位，而将信息技术隔离于教学之外。二者的完美结合就是优势互补，将两者的优势都发挥出来。在应用信息技术的大背景下，如何寻找到二者的最佳契合点，即进行教学设计时，实用信息技术应该应用在哪些方面，应用得多少，都要认真分析和考量。

①合理利用各类信息化资源。在传统教学中，学科教材是最好的教学资源。随着网络和信息技术的飞速发展，教材已经不能满足现代教学的需要。教师需要不断地学习新知识，应用新技术，充实教学内容，创新教学方法，提升教学能力。要想做好这些，前提就是要会利用信息技术获取各类信息资源。教育部"三通工程"中的"校校通"，在为各级各类中学配备信息化教学基础设施的同时，也为中学数学教师提供了大量的信息资源。互联网上有很多免费的"开放获取资料（OA）"，中学数学教师可以直接观看本学科的国家精品课程讲座，可以共享精彩的视频教程，还可以免费使用各种远程资源库。信息资源获取渠道越来越多，中学数学教师可借鉴的信息资源越来越丰富，中学数学教师要充分利用这些资源，开发整合各类信息资源为教学添彩，为学生提供更多知识养分，在教学相长中提升自己的信息化教学设计能力。

②采用信息化教学手段导入新课。中学数学学习枯燥无味，单调无趣，大部分学生不爱学。数学教师绞尽脑汁、想方设法改进教学方法，优化教学内容，吸引学生的注意力，提高学生的学习兴趣，但收效甚微。中学数学教师可以尝试在每堂新课导入时，使用多媒体演示与教学内容相关的知识，可以播放相关视频，也可以用课件展示，无论哪种方法，都是为了吸引学生，让学生对接下来要学习的知识产生兴趣，产生主动学习数学知识的欲望。比如，讲勾股定理证明时，可以先用交互式电子白板展示勾股树的动画图，立体、美观的动画效果将枯燥的定理证明变得生动起来，与传统的口头导入新课形式相比，学生更喜欢这种导入新课方式。

③使用信息技术解决教学难题。中学数学教学知识看似环环相扣，实际上它是由若干个相对独立的知识条块组成的。学生在学习每块知识时，都会遇到难题，遇到困惑。这些难题和困惑通常是教师用传统教学方式解决不了的，特别棘手。其实，这些难题利用信息技术可以快速解决。例如，讲圆面积公式的来历时，教师会讲到圆和矩形之间的转化是一个不断变化的过程，它是动态的，不是静止不变的。但是教师展示的只是静止的

图片，不能体现这一过程，学生在这一步充分发挥想象也无法将两种图形进行动态转换，学习遇到了障碍。如果借助数学软件让学生清楚地看到圆可分割的份数，随着份数的增多，圆弧接近直线，最后接近矩形的动态过程。类似的例子还有很多。可见，信息技术可以帮助中学数学教师和学生解决很多难题。

（3）提升教师的信息化教学评价和反思能力

教学评价是对教师教学信息的反馈，可以反作用于教师，促进教师优化教学设计，合理规划教学活动。信息技术进入中学数学教学后，新的教学评价方式应运而生，既包括 QQ、微博、微信考核，又可以建立学生成长电子档案袋，还可以制作评价量规。中学数学教师可以合理使用这些信息化的教学评价方式，结合传统的日常作业、小测验、随堂表现等评价方式，使教师的信息化教学评价趋于合理。信息技术应用于中学数学教学，需要教师不断进行教学反思，找到信息技术与教师教学、学生学习的最佳模式。教师教学反思的方式有：反思日志、对比优秀教学案例、观摩教学录像、分析学生作业、与同事交流。中学数学教师要将这五种反思形式有机结合，在反思中发现自己的优点并将其发扬光大，找到自己的缺点加以改正，在评价和反思中不断成长。

5.2.2 学校层面的措施

（1）创设优良的信息化教学环境

①学校领导要重视信息化教学。通过调查我们发现，吉林省东南部地区部分中学的领导对信息化教学的认识程度不够。信息化教学对中学数学教学的推动作用不明显，领导不重视，导致信息化教学开展受阻，不仅影响教师教学，而且影响学校发展。吉林省东南部地区各级各类中学领导应该充分认识信息化教学对中学教育的推动作用，敞开胸怀接纳这一新事物，并将其普遍推广。地区教育主管部门应定期组织吉林省东南部地区中学领导到发达地区信息化教学开展得较好的示范校参观学习，让他们亲眼

见证信息技术的巨大作用，开阔眼界，增长见识。并要求他们认真学习经验，结合自己学校进行改革。通过不断强化，吉林省东南部地区部分中学的领导对信息化教学的认识一定会不断提高，带领全校教师进行信息化教学，不断提高教师们的信息化教学能力和水平。

②提高信息化教学设备利用率。目前，吉林省东南部地区的信息化教学设备建设已经取得了一定成效，但设备利用率低现象普遍存在。产生这一现象的原因很多，有的学校是领导不重视，导致整个学校的教师都不重视信息化教学；有的因为教师自身不愿意进行信息化教学，对信息技术与数学教学整合存在抵触情绪，导致信息技术应用缓慢。除了设备利用率低，设备的维护滞后也是普遍现象，政府为各个学校安装了信息化教学设备，但没派专业的维修人员做后期的维护跟进工作，只能靠本校懂计算机的教师对设备进行日常管理和维护。地区教育管理部门应该加大对信息化教学基础设施的管理力度，狠抓落实，追究领导责任。各中学领导也应提高认识，重视信息化教学设备的利用率，派专门人员管理这些设施，做到专人专管，定期培训，保证信息化教学设备正常运转，保证信息化教学顺利开展。

③提高教师信息化教研能力。吉林省东南部地区中学数学教师网络教学研究能力较差。互联网为中学数学教师进行教学研究提供了的丰富的资源宝库，教师可以将这些资源运用于常规教学研究活动中，开拓教学思路，创新教学内容。信息化教研的开展形式有很多种，教师可以通过信息化工具如微信、微博等开展教学问题讨论，可以利用学校的信息化设备进行课题研究，可以学习网络上的新的教学研究方法、研究手段，应用于自己的日常教研，还可以与其他同仁通过网络进行远程合作，开展教研活动。总之，中学数学教师要充分利用一切可以利用的条件，结合自身教学实际，探索多元化的信息化教研形式，开展多样化的信息化教研活动。

（2）提升未来教师的信息化教学能力

未来教师是没有参加工作但准备从事教师事业的高校学生。针对目前吉林省东南部地区中学数学教师信息化教学能力普遍存在的问题。应该从培养师资的地方高师院校入手，在入职前对师范毕业生进行信息化教学能力训练。地区教育主管部门应加强与地方高师院校的联系，地方高师院校数学与应用数学专业学生一般会在本地区初中、高中实习，应该规定学生带着调查任务去实习，每位实习学生都要对所在实习学校的信息化教学有一定的了解，根据情况填写调查问卷。数学学院要将调查结果进行统计分析，针对中学数学教师信息化教学需要，调整人才培养方案，有意识地培养学生的信息化教学能力，为学生毕业后进行信息化教学打下良好的基础。

（3）构建多元化的信息化教学考评机制

要想提高吉林省东南部地区中学数学教师总体信息化教学能力，必须由地区教育主管部门出台相关政策和文件，将有关信息化教学的内容写入文件中，硬性规定信息化教学在各级各类中学如何实施，并把实施信息化教学作为考核教师的硬性标准，构建多元化的信息化教学评价体系。建立健全相应的监督机制，对学校行为进行规范，为信息化教学的开展提供政策保障，并形成长效机制。开展信息化教学优秀学校、先进个人的评选，评选结果作为年度考核的依据，从考评层面激励中学数学教师提升信息化教学能力。

5.2.3 培训层面的措施

（1）改进信息化教学培训的内容

信息化教学培训应该在广泛调研的基础上，根据被调查教师的意愿，有针对性地选择培训内容。针对中学数学教师感兴趣的内容，如软件的使用、信息技术与教学方法整合、采用信息技术教学的典型案例等，有层次、有针对性地开展培训。培训内容的针对性强，参加培训的教师学习兴趣浓，学习的积极性高，对信息化教学的认识程度不断提高，信息化教学能力会相应地提高。信息化教学培训产生积极效应后，实现良性循环。各级各类中学的校本培训也要有针对性，要把信息化教学培训作为主要内容。内外联动的培训方式，必将极大地促进中学数学教师信息化教学能力的全面提高。

（2）创新信息化教学培训的方式

要创新信息化教学培训的方式，必须改变以往培训采取的课堂教学模式，没有互动的培训方式不利于信息化教学培训的健康发展。信息化教学培训可以采取"任务驱动"的形式，开展信息技术与数学课程整合的专题研讨会；可以采用"活动拉动"的形式，开展信息化教学观摩比赛活动，通过参加活动促进教师信息化教学能力的提升；还可以组织中学数学教师参观信息化教学示范校，通过学习交流提高教师的信息化教学意识。要开展多种形式的信息化教学培训，多角度、多层次地提高中学数学教师的信息化教学能力。

（3）健全信息化教学培训考核评价体系

健全信息化教学培训考核评价体系是提高信息化教学培训质量的根本保证。要改变以往的培训弊端，必须从源头抓起，建立健全考评机制，严肃培训纪律，制定量化标准，实施奖惩制度，注重培训工作的实效性，真正把培训工作做好，切实发挥出信息化教学培训应有的作用。

·后　记·

经过一年时间的资料收集、整理，问卷调查，实地调研，材料撰写，本书终于完成。本书以吉林省东南部地区中学数学教师为研究对象，对其进行了问卷调查，调查结果为最后制定提升策略提供了依据。在吉林省东南部通化等地区选择 10 所中学作为实验校，进行实地调研，为理论研究提供素材。

本研究的创新之处：

（1）本书首先介绍我国中学教育信息化的基本情况，阐述了教育信息化的普遍性，再对吉林省东南部地区中学数学信息化教学进行调研，对中学数学教师信息化教学能力提升策略进行研究，这是教育信息化的特殊性。本书的逻辑结构是从宏观到微观，从一般到具体，从普遍到特殊。

（2）本研究比前人研究更系统、更具操作性。在第 2 章第四部分着重介绍了中学数学教学中应用现代信息技术的经典实例。虽然是一本研究性的著作，但笔者认为，著作的编写应不拘一格，除了中学数学教师信息化教学能力提升策略值得借鉴外，教学实例更是中学数学教师教学急需的，提供教学实例，可以节省他们的时间，在几何作图和代数运算方面少走弯路。

（3）研究中，调查问卷的设计主要依据信息化教学能力的维度设计，经过专家论证，保证精细准确；对调查数据的统计更加深入，便于发现问题和制定策略，能够保证问题研究的实证性和科学有效性。能够从一个更细、更全面的角度对中学数学教师信息化教学能力进行把握。

本研究的不足之处：

（1）样本选取方面。由于吉林省东南部地区中学较多，但限于时间仓促，本研究只以通化地区部分学校作为样本。虽然是本着科学性、代表性原则，但在数量上还是不够理想，不能全面反映吉林省东南部地区中学数学教师信息化教学能力的情况。

（2）由于笔者水平有限，对相关概念的界定不是很到位，调查问卷在实际调查中也发现了一些问题，比如"中学数学教师信息化教学评价和反思能力"这部分内容中的"学校评价"问题设置得不够合理，在一定程度上影响了调查结果。

教师信息化教学能力的提升是一个砥砺前行的过程，需要依靠全社会力量，国家、政府、学校、教师自身都要为之努力，为之贡献力量。笔者也会再接再厉，在今后的工作和学习中继续开展调查研究，力争为吉林省东南部地区中学数学教师信息化教学能力的提升提供更好的借鉴。

参考文献

[1]刘莉.浅析高职教师信息化教学能力的提升策略[J].科技资讯,2017,15(25):133－135.

[2]刘月梅."互联网＋"背景下高职院校教师信息化教学能力提升策略的探索与实践[J].延安职业技术学院学报,2017,31(04):77－79.

[3]李国奇.基于TPACK模型的职前教师信息化教学能力提升策略研究[J].湖北第二师范学院学报,2017,34(08):106－109.

[4]刘杰.探析高职教师信息化教学能力提升策略[J].时代农机,2017,44(06):179－181.

[5]郑蓉.高职学院英语教师信息化教学能力提升策略研究[J].湖南邮电职业技术学院学报,2017,16(02):119－120.

[6]张东霞,付宁.基于智慧教育背景下高职教师信息化教学能力的提升策略[J].无线互联科技,2017(10):89－90.

[7]陈晓兰."互联网＋"时代农林高职英语教师信息化教学能力现状与提升策略[J].农学学报,2017,7(05):50－55.

[8]张莎莎.中小学英语教师信息化教学能力提升策略研究[J].农家参谋,2017(10):112.

[9]付云.基于现代教育技术条件下的高校教师信息化教学能力提升策略研究[J].中国战略新兴产业,2017(16):34.

[10]付云.基于现代教育技术条件下的高校教师信息化教学能力提升

策略研究[A].《智能城市》杂志社、美中期刊学术交流协会.2016 智能城市
与信息化建设国际学术交流研讨会论文集Ⅳ[C].《智能城市》杂志社、美中
期刊学术交流协会:2016.

[11]闫志俊.智慧教育背景下高职教师信息化教学能力提升策略[J].
金华职业技术学院学报,2016,16(06):6-10.

[12]钟葳.高职院校教师信息化教学能力的内涵与提升途径[J].知
识经济,2016(19):145-147.

[13]李媛.大学青年教师信息化教学能力的内涵与价值取向[J].黑
河学院学报,2016,7(05):79-80.

[14]王洪兰."互联网+"背景下教师信息化教学能力提升策略研究
[J].价值工程,2016,35(26):222-224.

[15]谭伟红,金凤.中美中职教师信息化教学能力提升策略比较研究
[J].职教论坛,2016(22):88-91.

[16]黄刚.幼儿教师信息化教学能力的提升策略探讨[J].时代教育,
2016(12):122.

[17]许旱年.临夏地区中小学教师信息化教学能力提升策略研究
[D].兰州:西北师范大学,2016.

[18]龚龙飞.民族学校教师信息化教学能力的认知及提升策略研究
[D].重庆:西南大学,2016.

[19]滕忠萍.幼儿教师信息化教学能力提升策略[J].广西教育,2016
(07):51-52.

[20]朱艳.中小学教师信息化教学能力提升策略研究[J].教育评论,
2016(01):116-119.

[21]幸聪."互联网+"时代下中职教师信息化教学能力的提升策略
[J].信息与电脑(理论版),2016(01):241-242.

[22]麦海娟,麦海燕.少数民族地区小学教师信息化教学能力的现状

与提升策略——以宁夏回族自治区 Y 市为例[J]. 中国现代教育装备,2015(24):31 - 34.

[23]吴刚. 高中英语教师信息化教学能力综述[J]. 黑龙江教育学院学报,2015,34(12):45 - 47.

[24]言雅娟. 教师信息化教学能力提升策略初探[J]. 当代教研论丛,2015(08):92 - 93.

[25]王瑞祥. 浅谈新课改背景下数学教师的信息化教学能力[J]. 科教导刊,2012(12):23 - 24.

[26]张晓娜. 高职英语教师信息化教学能力提升策略研究[J]. 旅游纵览(下半月),2015(05):267 - 268.

[27]彭春华. 职校数学教师信息化教学能力内涵与价值取向[J]. 赤子(上中旬),2015(04):255.

[28]蒋红梅,陈雪梅. 教育信息化视域下农村中小学教师信息化教学能力提升策略探究[J]. 科教文汇(下旬刊),2014(10):166 - 167.

[29]王琳. 幼儿教师信息化教学能力的提升策略[J]. 教育导刊(下半月),2014(10):29 - 31.

[30]刘喆,尹睿. 教师信息化教学能力的内涵与提升路径[J]. 中国教育学刊,2014(10):31 - 36.

[31]武马群. 首要问题是提升教师信息化教学能力[J]. 中国教育网络,2014(05):63 - 65.

[32]郑小军,张霞. 中职教师信息化教学能力的提升策略[J]. 教育评论,2014(01):63 - 65.

[33]付云. 中职教师信息化教学能力提升策略研究与课程开发[D]. 南宁:广西师范学院,2013.

[34]马丽. 职前教师信息化教学能力提升相关研究[J]. 内蒙古师范大学学报,2010,23(08):71 - 73.

[35]詹艺.师范生在教学设计过程中关注什么[J].远程教育杂志,2011,29(06):73-78.

[36]汤胜辉.中职教师信息化教学能力提升策略研究[D].福州:福建师范大学,2013.

[37]黄玲芳,苏叶兰.教师信息化教学能力发展问题探讨[J].科教导刊(上旬刊),2011(02):101-105.

[38]赵健,郭绍青.信息化教学能力研究综述[J].现代远距离教育,2010(04):28-31.

[39]樊文芳,张军征.基于教师成长的农村教师信息化教学能力发展问题探析[J].中国教育信息化,2010(04):87-90.

[40]樊文芳,张军征.农村教师信息化教学能力发展问题及培训改进[J].现代中小学教育,2009(11):52-55.

[41]常晓红.信息化时代如何提高数学教师的专业水平[J].中国电化教育,2015(02):65.

[42]常晓红.信息化时代初中数学教师专业素养发展研究[J].中小学电教,2016(08):57-59.

[43]张志杰,陈晓红,王艳霞.吉林省东南部山区中学英语教师信息化教学能力现状研究[J].通化师范学院学报,2017,38(06):89-92.

[44]中华人民共和国教育部.义务教育数学课程标准[S].2011年版.北京:北京师范大学出版社,2012.

[45]徐金燕.小学数学教师信息素养的现状及提高策略研究[D].长春:东北师范大学,2011.

[46]王春丽.TPACK视阈下职前教师信息化教学设计能力培养的研究[D].新乡:河南师范大学,2012.

[47]李士艳.甘肃省藏区中小学教师信息化教学能力发展现状分析和提升策略研究[D].兰州:西北师范大学,2012.

[48]姜亚荣．农村小学英语教师信息化教学能力发展研究[D]．兰州:西北师范大学,2012.

[49]张东．教育信息化背景下初中数学教师专业素养发展研究[D]．重庆:重庆师范大学,2012.

[50]杨万虎．民族地区高中数学教师信息化教学能力现状调查研究[D]．兰州:西北师范大学,2014.

[51]刘会宇．辽宁省中学教师信息化教学能力的现状分析与提升策略研究[D]．大连:辽宁师范大学,2015.

[52]田园．小学语文教师信息化教学能力现状调查[D]．南宁:广西师范学院,2015.

[53]周芳．农村小学教师信息化教学能力发展的个案研究[D]．兰州:西北师范大学,2015.

[54]解帅．农村小学教师信息化教学能力发展影响因素研究[D]．曲阜:曲阜师范大学,2015.

[55]刘婉丽．微课提升小学语文教师信息化教学能力的研究[D]．曲阜:曲阜师范大学,2015.

[56]郭绍青,王卫军．教师信息技术能力教程[M]．北京:高等教育出版社,2010.

[57]史宁中,马云彭．基础教育数学课程改革的设计、实施、与展望[M]．南宁:广西教育出版社,2010.

[58]曹一鸣．数学教学论[M]．北京:北京师范大学出版社,2010.

[59]吴明隆．问卷统计分析实务—SPSS操作与应用[M]．重庆:重庆大学出版社,2010.

[60]皮连生,刘杰．现代教学设计[M]．北京:首都师范大学出版社,2005.

[61]张景中,等．学科教学中的信息技术[M]．北京:北京大学出版

社,2013.

[62]景亚琴. 信息化教学[M]. 北京:国防工业出版社,2013.

[63]陈俊珂,孔凡士. 中外教育信息化比较研究[M]. 北京:科学出版社,2007.

[64]王运武. 教育信息化战略规划学[M]. 北京:电子工业出版社,2015.

[65]祝智庭. 现代教育技术[M]. 北京:高等教育出版社,2004.

[66]王丹虹. 坚守学科本质——由数学教师转变成双语数学教师的专业发展体会[J]. 江苏教育,2017(70):15-16.

[67]李玉斌,邢宏伟,姚巧红,等. 高校青年教师信息化教学设计能力调查研究[J]. 中国教育信息化,2017(18):72-76.

[68]余芳. 小学数学教师专业发展中教师专业素质的实现[J]. 西部素质教育,2017,3(10):201-202.

[69]黄卫华. 教学反思能力:数学教师专业发展的重要本原[J]. 基础教育参考,2017(10):53-55.

[70]岳晓红. 团队引领 同步共进——以"名师联盟"为依托促进小学数学教师专业发展的实践研究[J]. 小学数学教育,2017(09):16-18.

[71]鲍银霞,曾令鹏,陈晓燕,等. 广东省小学数学教师专业发展状况调查报告[J]. 广东教育(综合版),2017(04):33-36.

[72]王璐璐. 浅谈初中数学教师学科教学知识与专业发展[J]. 科技经济导刊,2017(09):165.

[73]陈瑜. 以城带乡:促进农村小学数学教师专业发展的有效途径[J]. 西部素质教育,2017,3(04):260-267.

[74]胡振华. 以数学教学内容知识(MPCK)为视角的数学教师专业发展[J]. 数学学习与研究,2016(23):124.

[75]夏英,杨秀桃. 数学建模对高职院校数学教师专业发展推动作用

的研究——以海南省公办和民办高职院校比较为例[J]. 数学的实践与认识,2016,46(21):102-111.

[76]吕世虎,吴振英,杨婷,等. 单元教学设计及其对促进数学教师专业发展的作用[J]. 数学教育学报,2016,25(05):16-21.

[77]吕运红,张建志,田亚. 高校数学教师专业发展的标准研究[J]. 数学学习与研究,2016(19):21-23.

[78]段熙民."同课异构"助推高中数学教师专业发展的研究[J]. 数学学习与研究,2016(17):153.

[79]王众杰. 新课程改革背景下数学教师专业发展的模式研究[J]. 课程教育研究,2016(17):140-141.

[80]高红志,陈雪梅. 思维视角下数学教师专业发展的探索——基于四节同课异构课"正弦定理"的课堂教学案例分析[J]. 数学教育学报,2016,25(02):66-69.

[81]冯涛. 说题,助推数学教师专业发展[J]. 数学通讯,2016(08):9-12.

[82]孙英环. 高中数学教师专业发展与教学实践[J]. 中学生数理化(教与学),2016(03):19.

[83]辛春梅. 关于中职学校化学课程教师信息化教学设计说课比赛的思考[J]. 吉林省教育学院学报,2016,32(03):11-12.

[84]梁宇. 基于缄默知识观探讨小学数学教师的专业发展[J]. 牡丹江教育学院学报,2016(02):61-62.

[85]王香妹. 中职数学教师专业发展的策略与途径[J]. 数学学习与研究,2016(03):32.

[86]马晓玲. 宁夏移民区中小学教师信息化教学设计能力提升策略研究[J]. 教育探索,2015(11):123-128.

[87]李丽梅. 论小学数学教师素质与专业发展的方向[J]. 课程教育

研究,2015(32):221-222.

[88]胡俊,文爱民,刘奕贯.职业教育教师信息化教学设计探析与实践[J].科技资讯,2015,13(27):173-176.

[89]钱永春.谈农村初中现状下数学教师专业发展的策略[J].中学数学研究(华南师范大学版),2015,(18):29-30.

[90]刘瑶,胡鑫.甘肃省肃南裕固族自治县小学数学教师专业发展调查研究[J].亚太教育,2015,(26):160.

[91]黄洪河.农村初中数学教师专业发展现状及对策研究[J].中学教学参考,2015(14):7-8.

[92]张振威,伍文燕,常亚洁,等.近十年国内外教师信息化教学研究热点与发展趋势分析——基于知识图谱的词频分析[J].中国教育信息化,2015(07):16-19.

[93]李有翔.大数据时代数学教师的专业发展[J].教育研究与评论(小学教育教学),2014(12):40-41.

[94]张学兵."基于高中数学教师专业发展的探究性学习的研究"文献研究综述[J].数学教学通讯,2014(33):2-4.

[95]江训艳.地方高校转型发展契机下的数学教师专业发展初探[J].山东工业技术,2014(20):248-253.

[96]车平.影响高职数学教师专业发展的因素及对策分析[J].知识经济,2014(19):141.

[97]张琼霞.浅析小学数学教师专业发展存在的问题及解决策略[J].数学学习与研究,2014(18):134-135.

[98]孙兴华,马云鹏.MPCK视角下的小学数学教师专业发展[J].学术探索,2014(09):147-152.

[99]雷思琪.HPM视角下的中学数学教师专业发展[J].云南教育(中学教师),2014(06):7-8.

[100]梁洁,张静,许春阳. 面向职前教师信息化教学设计能力培训的微课程设计模式研究[J]. 教育信息技术,2014(04):45-47.

[101]许华琳,顾晔. 浙江省高校英语教师信息化教学设计能力之调查与分析[J]. 湖州师范学院学报,2013,35(04):132-136.

[102]刘芙. 中职计算机专业教师信息化教学设计能力培养研究[J]. 中国科教创新导刊,2013(10):161.

[103]蓝孝帅,陈晓慧,阮悦芳. 教师信息化教学设计能力的研究[J]. 内蒙古师范大学学报(教育科学版),2012,25(08):85-87.